Der Deutschunterricht
Beiträge zu seiner Praxis
und wissenschaftlichen Grundlegung
Begründet von Robert Ulshöfer

In Neuer Folge herausgegeben von
Wilhelm Dehn, Hartmut Eggert,
Franz Hebel, Ernst Nündel,
Heinz-Dieter Weber

Herausgeber der Rubrik:
Hartmut Eggert

Psychoanalyse und Literaturunterricht

Herausgeber dieses Heftes:
Heinz-Dieter Weber

Jahrgang 34 · 1982 · Heft 5

Inhalt

An unsere Leser
Bis zum 15. 12. 1982 liefern wir noch, solange der Vorrat reicht, sämtliche Hefte unserer Schriftenreihe vom ersten Jahrgang an. Danach laufen einige Titel aus, die vor dem 1. 1. 1978 erschienen sind. Nutzen Sie bitte die Gelegenheit, Ihre Bestände vor dem **15. 12. 1982** zu ergänzen.

Beiträge: Unverlangte Beiträge erbitten wir an Herausgeber oder Verlag (s. a. Hinweise S. 110).

Anschriften der Herausgeber: Dr. Wilhelm Dehn, Rarsrott 10, 2300 Kiel 14 · Professor Dr. Hartmut Eggert, Vopeliuspfad 6, 1000 Berlin 37 · Professor Dr. Franz Hebel, Mörfelder Landstr. 242, 6000 Frankfurt/M. 70 · Professor Dr. Ernst Nündel, Kalfstr. 4, 5106 Roetgen/Eifel · Professor Dr. Heinz-Dieter Weber, Raiffeisenstr. 12, 7750 Konstanz 16

Erscheinungsweise: Jährlich erscheinen 6 Hefte (zweimonatlich).

Bezugsbedingungen: Der Deutschunterricht kann durch jede Buchhandlung oder direkt vom Verlag bezogen werden. Jahresbezugspreis DM 41,– (ÖS 348,–), Vorzugspreis für in Ausbildung stehende Lehrkräfte und Studenten DM 31,– (ÖS 263,–) jeweils zuzüglich Zustellgebühr.

Nachbezug: Alle bisher erschienenen Hefte der Jahrgänge 1–34 sind lieferbar. Abonnenten erhalten bei Bestellung von mindestens fünf verschiedenen Heften 25 % (Abonnenten mit Vorzugspreisen 45 %) Nachlaß auf den Einzelpreis.

Adressenänderungen: Bezieher, die die Schriftenreihe nicht über eine Buchhandlung, sondern unmittelbar vom Verlag erhalten, bitten wir, uns die neue zusammen mit der alten Anschrift rechtzeitig mitzuteilen.

Anzeigen: Zur Zeit ist Anzeigenpreisliste Nr. 8 vom 1. 1. 1981 gültig. Verantwortlich für den Anzeigenteil: Jürgen Meissner, Anzeigenverwaltung Ernst Klett Verlag: Gisela Lutz, Rotebühlstraße 77, 7000 Stuttgart 1, Telefon: 07 11/66 72-6 47 od. 6 62

Beilagenhinweis:
Diese Ausgabe enthält eine Beilage des Verlages Kamprath-Helène, Darmstadt sowie eine Beilage vom Pädagogischen Verlag Schwann-Bagel, Düsseldorf. Wir bitten unsere Leser um freundliche Beachtung.

Verlag: Ernst Klett, Rotebühlstraße 77, 7000 Stuttgart 1. Printed in Germany

Fotosatz und Druck: Ernst Klett, Rotebühlstraße 77, 7000 Stuttgart 1

ISSN 0340-2258
ISBN 3-12-961711-6

Einführung

Die Aktualität des Themas bedarf kaum der Erläuterung. Seit in den 60er Jahren die Psychoanalyse als Kommunikations- und Sozialwissenschaft oder doch als unverzichtbares hermeneutisches Instrument derselben sich etablierte, erscheint auch ihr Vordringen in der Literaturdidaktik unaufhaltsam. Kategorien und Konzepte, die ihre Herkunft aus der Psychoanalyse teils bekennen, teils verbergen, dienen nicht nur der Textinterpretation, sie scheinen vielmehr geeignet, den Prozeß der literarischen Sozialisation ebenso wie den Literaturunterricht neu zu fundieren. *Literatur als Therapie* heißt die Zauberformel. Warnungen, daß die Schule als Institution der Verteilung von Sozialchancen, die sie nun einmal auch ist, ein ungeeigneter Raum dafür sei, Hinweise auf die Bedenklichkeit der „Laienanalyse" scheinen in den Wind gesprochen zu sein. Die Hoffnung, psychoanalytisch angeleitete Didaktik könne die Defizite kritisch-analytischer Verfahren beheben und Motivationsreste beibringen, die Psychoanalyse könne als „Wissenschaft vom Unbewußten" anleiten, subjektive Dispositionen zu handhaben, jedenfalls kommunikativ mit ihnen „umzugehen", erscheint übermächtig, Skepsis dagegen als verdächtige Weigerung, „sich selbst einzubringen".
Das Wahrnehmen solcher Bedenken ist Anlaß und Absicht des Grundsatzbeitrags von *Walter Schönau.* Seine These: Psychoanalyse erhält ihren schulischen Sinn im Zuge didaktischer Selbstreflexion des Lehrers, sie verfehlt ihren Sinn, wenn sie als Stoff der Wissensvermittlung oder als Technik der Veranlassung von Lernprozessen begriffen wird.
Daß genaues Wissen für einen psychoanalytisch angeleiteten Unterricht dennoch unentbehrlich ist und wie solches Wissen in einem Leistungskurs erarbeitet werden könnte, stellt der unterrichtspraktische Beitrag von *Axel Frank* dar.
Unverkennbar zeigen die literaturpsychologischen Interpretationen von *Carl Pietzcker* und *Wolfram Mauser,* daß der psychoanalytische Zugang nicht länger als außer-literaturwissenschaftliches Verfahren diffamiert werden kann. Moderne Literaturpsychologie betrachtet den literarischen Text nicht länger als Dokument einer pathologischen Subjektivität, die sich nur unter der kulturell akzeptierten Lizenz der ästhetischen Form und der ihr folgenden Lustempfindung des Rezipienten äußern darf. Vielmehr kann die literarische Form selbst zum Gegenstand der Analyse gemacht werden. Carl Pietzcker führt dies am Beispiel der späten Lyrik Brechts vor. Gerade auch auf das Widersprüchliche und scheinbar Unmotivierte des Textes, auf alles, was ihn vom rationalen Diskurs unterscheidet, kann sich die psychoanalytisch angeleitete Interpretation richten, wie der Beitrag von Wolfram Mauser zeigt. So wird das Ästhetische des Textes, das, was seine spezifische Wirkung veranlaßt, im Lichte der Psychoanalyse begreifbar, indem es in ein begriffliches Wissen überführt wird.
Was zuvor Symptom war, wird als Symbol verständlich, so scheint es. Gewiß ist auch hier weiteres Nachfragen erforderlich. Hat nicht Freud selbst den metaphorischen, ja mythologischen Charakter seiner theoretischen Konstruktionen und seiner Begrifflichkeit stets betont? Ist nicht die Sprache der Psychoanalyse, weit entfernt

vom Status einer szientifischen Nomenklatur für 'Unbewußtes', selbst eher eine Art literarischer Rede? Mausers Interpretation zeigt, daß Handkes ‚Wunschloses Unglück' dadurch, daß der Text selbst sozialpsychologische Deutungsangebote vorträgt, nicht aufhört, ein literarischer Text zu sein. Scheint es nicht, als wiederhole auch die literaturpsychologische Interpretation durchaus die Bedeutungsoffenheit und Unbestimmtheit des literarischen Textes? – Dies wäre ja durchaus ein Vorzug, den sie mit einer hermeneutisch besonnenen Praxis der werkimmanenten Interpretation teilen könnte.

Literaturinterpretation im Dienste der Rezipienten – und der Didaktiker muß insistieren, daß sie sich in diesen Dienst stellt – kann nicht darauf verzichten, am alltäglichen Sinnverstehen anzuknüpfen. Die große aktuelle Bedeutung der Literaturpsychologie erwächst nicht zuletzt daraus, daß sie dies vermag. Denn psychoanalytische Konzepte sind weithin zum festen Bestandteil unseres Alltagswissens geworden, ohne daß es uns freilich immer bewußt wäre. Neue Sprach- und Handlungsformen sind daraus entstanden. *Michael Rutschky* analysiert ein bezeichnendes Beispiel dafür.

Das Absinken und Geläufigwerden psychoanalytischer Formen der Kommunikation ist ein bemerkenswerter Vorgang, der einer kritischen Betrachtung keineswegs entzogen ist. Eine gründliche Diskussion des Themas ‚Psychoanalyse und Literaturunterricht' hat ‚Der Deutschunterricht' bisher nicht geführt. Sie ist unerläßlich geworden. Das vorliegende Heft möchte einen Anstoß dazu geben.

Heinz-Dieter Weber

Walter Schönau

Psychoanalyse im Literaturunterricht?

Eine Einführung in das Problemfeld[1]

Nach einer kurzen Darstellung der psychoanalytischen Literaturpsychologie und einer Skizze der aktuellen Probleme des Literaturunterrichts werden Möglichkeiten, Grenzen und Gefahren einer Einbeziehung der Psychoanalyse in Theorie und Praxis der Literaturdidaktik behandelt. Die Möglichkeiten liegen in der Funktion der Psychoanalyse als einer „exakten Verständigungssprache“ und damit in ihrem Beitrag zur Lösung der Problematik eines subjektbezogenen Unterrichts. Die Grenzen bestehen in den vielen Sachzwängen der Institution Schule und in der Einstellung der Lehrerpersönlichkeit. Die Gefahren bestehen u. a. in einer nur kognitiven Vermittlung analytischer Erkenntnisse und in einer Psychologisierung des Klassengesprächs.

1. Was ist psychoanalytische Literaturbetrachtung?

Psychoanalytische Literaturbetrachtung unterscheidet sich von anderen literaturwissenschaftlichen Methoden darin, daß sie vor allem die unbewußt oder halbbewußt verlaufenden Prozesse bei der Entstehung und der Lektüre von Dichtung studiert und ihren entscheidenden Einfluß auf Produktion wie Rezeption nachweist. Psychoanalytische Interpretationen sind Versuche, die Entstehungsbedingungen und die Wirkungen eines Textes, aber auch das Verhalten und Erleben der Figuren im Text mit tiefenpsychologischen Mitteln zu verstehen oder zu deuten. Insofern sie Wirkungen von Texten oder Rezeptionen von Lesern analysieren, können sie gewisse Einseitigkeiten der aktuellen kognitiven Rezeptionsforschung korrigieren oder ergänzen. Konzentriert sich die traditionelle Hermeneutik vor allem auf die Frage der *adäquaten* Rezeption und Interpretation – die psychoanalytische Forschung kann ihrerseits mit einer Theorie der *inadäquaten* Textrezeption aufwarten, indem sie den Einfluß von Phänomenen wie (Gegen-)Übertragung, Abwehr, Identifikation und Projektion als Steuerungsmechanismen studiert. Sie fragt also im allgemeinen eher nach der realen als nach der optimalen Rezeption und widmet sich dabei besonders ihrer unbewußten Dimension. Das geschieht in der Überzeugung, daß diese die bewußte Aufnahme des Werkes lenkt (und nicht umgekehrt).
Die psychoanalytische Deutung literarischer Werke bemüht sich meistens, aber nicht ausschließlich, um die Aufdeckung des unbewußten Phantasiematerials, das den dichterischen Schaffensprozeß mit in Gang setzte und dessen Spuren sich mit

(1) Ich danke Frau Helmtrud Mauser für ihre kritische Durchsicht der 1. Fassung dieses Aufsatzes.

einiger Übung im Text finden lassen, namentlich wo Unstimmigkeiten, Widersprüchliches, kleine Verstöße gegen die Wahrscheinlichkeit oder gegen gewisse ästhetische Gesetzmäßigkeiten auftreten. Die Kenntnis der verschiedenen psychischen Mechanismen ermöglicht das Freilegen der verborgenen Psychodynamik des Werkes, die in erster Linie als Interaktion von Impuls und Abwehr aufgefaßt wird.
Bekanntlich geht die psychoanalytische Interpretation meistens von der Analogie zwischen Traum und Dichtung aus (vgl. Pietzcker 1974). Beide sind, wie übrigens noch der Tagtraum, das kindliche Spiel und der Wahn, Produkte der Phantasie, jener psychischen Aktivität, die die Welt nicht wahrnimmt, wie sie ist, sondern sich vorstellt, wie sie sein könnte. Die Annahme der überragenden Bedeutung des Phantasierens und der Nachweis der Existenz äußerst wirksamer unbewußter Phantasien sind Ecksteine der psychoanalytischen Literaturtheorie. Im Tagtraum wie im kindlichen Spiel sind wir uns des Unterschieds zwischen Wirklichkeit und Vorgestelltem bewußt, wir können auch nach Belieben in die Realität unserer Umwelt zurückkehren. Im Traum und im krankhaften Wahn ist dies nicht der Fall, hier ersetzt oder verzerrt die Phantasie die Wahrnehmung der Wirklichkeit. Das Lesen fiktionaler Literatur kann in diesem Zusammenhang als ein gelenktes Phantasieren betrachtet werden, wobei die Imagination dem Leser überlassen bleibt, nicht aber der inhaltliche Verlauf des Vorstellungsprozesses. Im Theater, im Kino und beim Fernsehen dagegen wird nicht in dem Sinne an unser Vorstellungsvermögen zur Produktion von Bildern appelliert, hier hat das ursprünglich vom Autor Phantasierte einen visuellen „Realitätscharakter“ spezifischer Art angenommen, der sich dem halluzinatorischen Erlebnis nähert.
Wie soll man sich nun das unbewußte Phantasiematerial vorstellen? Es handelt sich im allgemeinen um verdrängte Vorstellungsinhalte mit Wunschcharakter, die häufig Merkmale früherer Entwicklungsphasen aufweisen und sich nach diesen Merkmalen gruppieren lassen. Man pflegt dabei Freuds Lehre der psychosexuellen Entwicklung des Individuums zum Ausgangspunkt zu nehmen und kommt so zu einer Einteilung in Phantasien vorwiegend oraler, analer, phallischer oder ödipaler Art. Daneben gibt es auch andere typische Phantasmen, wie die „Urszene“ (Beobachtung des Geschlechtsverkehrs der Eltern), die Rückkehr in den Mutterleib, die Kastration, die Verführung durch einen Elternteil, von Freud „Urphantasien“ genannt, welche sich nicht immer eindeutig zu einer Phase der psychosexuellen Entwicklung in Beziehung setzen lassen.
Man sollte dabei nie vergessen, daß das literarische Werk einen Kompromiß zwischen Phantasie und Abwehr darstellt, und in der Deutung beide Faktoren gebührend berücksichtigen. Ohne die Abwehr wäre das Kunstwerk oft wohl etwas Abstoßendes und Anstößiges; als Kulturleistung verdient es erst unsere Aufmerksamkeit, weil es sich als ästhetisches Gebilde darbietet, dessen „Genuß“ sowohl von der Befriedigung verdrängter Wünsche wie auch von ihrer formal-künstlerischen Bearbeitung bedingt wird. Die neuere Literaturpsychologie macht es sich denn auch nicht mehr zur Aufgabe, allein die Wiederkehr des Verdrängten zu erforschen, sondern widmet sich ebenso sehr den Formen der Abwehr, die das Verdrängte verhüllen, modifizieren und sozial akzeptabel machen (vgl. Lesser 1972, Holland 1975a, Smith 1980).

Auch deutet sie das Werk nicht mehr als rein subjektiven Ausdruck subjektiver Regungen, sondern als eine Subjekt-Objekt Vermittlung, von ästhetischen, sozialen und historischen Bedingungen geprägt.[2] Literarische Produktion und Rezeption lernen wir so als psychodynamische Prozesse zu verstehen, deren konfliktreiches Kräftespiel mit Hilfe von Freuds sogenannter zweiter Instanzenlehre besser erfaßt werden kann. Danach ist das psychische Geschehen als ein Mit-, Neben- oder Gegeneinander dreier Instanzen zu betrachten: Es, Ich und Über-Ich. Das Es bezeichnet den Bereich des Trieblebens, es ist das Reservoir der psychischen Energie, steht unter dem Primat des Lustprinzips und strebt nach Befriedigung libidinöser und aggressiver Impulse. Das Über-Ich ist die Instanz des Gewissens, der Selbstbeobachtung und der Idealbildung, es vertritt die Gebote und Verbote, die wir im Laufe unserer Sozialisation verinnerlicht haben. Es spricht in uns mit der Stimme der Autoritätspersonen, der Eltern und Lehrer, die uns als Kinder erzogen haben. Diese beiden Instanzen stellen Ansprüche, die oft konträr sind. Das Ich steht als dritte Instanz vor der schweren Aufgabe, zwischen diesen (inneren) Ansprüchen und den Forderungen der äußeren Realität zu vermitteln. Seine Rolle ist dann etwa mit der eines Diplomaten zu vergleichen, der am Verhandlungstisch zwischen entgegengesetzten Interessen bald eine Strategie des Aufschubs, bald eine der Konzessionen oder aber eine der Unnachgiebigkeit zu wählen hat. Das Ich muß sich taktisch einmal mit dem Über-Ich, ein anderes Mal mit dem Es verbünden. Ist es überfordert und von der Intensität der Konflikte zwischen den Ansprüchen geschwächt, so kann eine Störung, eine Neurose, auftreten. Wird es völlig überrumpelt oder überflutet, so kann eine Psychose ausbrechen. Diese Instanzen sind nicht reale Entitäten, sondern metaphorische Vorstellungshilfen. Man sollte sich hüten, sie zu hypostasieren. Viele literarische Werke können wir jetzt als schöpferische Ich-Leistung auffassen, durch die Es-Inhalte auf eine solche Weise gestaltet werden, daß das Über-Ich keinen Einspruch erheben kann und daß soziale Anerkennung möglich wird. Oft läßt sich die Psychodynamik im literarischen Werk als Versuch zur Lösung eines Es/Ich- oder eines Ich/Über-Ich-Konflikts erfassen. Freud hat in ‚Der Dichter und das Phantasieren' (1908) darauf hingewiesen, wie der Autor fiktionaler Literatur sich von der Realität abwendet und sich in seine Phantasiewelt begibt, anders aber als der Tagträumer auf dem Umwege über die kreative Bearbeitung seiner Phantasien und ihrer Veröffentlichung wieder den Anschluß an die Gesellschaft findet, die bereit ist, den Autor mit Bewunderung oder Verehrung dafür zu belohnen. Was den Künstler vom Tagträumer unterscheidet, ist u. a. die Fähigkeit zur kontrollierten „Regression im Dienste des Ich", d. h. das Vermögen, sich auf schöpferische Weise der Formen des Primärvorgangs[3] zu bedienen, ohne sich ihnen ganz auszuliefern.

---

(2) Um wenigstens ein Beispiel für die Verbindung von Psychoanalyse und Sozialgeschichte in der Deutung eines Werkes zu nennen: Wucherpfennig 1980.

(3) Der Primärvorgang ist die genetisch frühere, vom Lustprinzip bedingte Funktionsweise des psychischen Apparates, bei der die psychische Energie frei strömt, „da sie ohne Hindernisse nach den Mechanismen der Verschiebung und der Kondensation von einer Vorstellung zur anderen übergeht". Der Gegensatz: der vom Realitätsprinzip bedingte Sekundärvorgang. (Nach Laplanche/ Pontalis 1972, Bd. 2, S. 396f.) Zum Konzept der kontrollierten Regression vgl. Ernst Kris: Psychologie des künstlerischen Produktionsprozesses. In: Kris 1977, S. 162–194. Vgl. dazu Groeben 1972, S. 48.

Der kreative Mensch scheint diese Mechanismen bis zu einem gewissen Grade produktiv beherrschen zu können, während z. B. der Neurotiker mehr ein Opfer als ein Lenker dieser Regressionsprozesse ist. Sicher verfügt der Künstler auch über ein gewisses Vermögen zur Sublimation, also zur Ablenkung des Triebs von seinen ursprünglichen Triebzielen auf nicht-sexuelle oder nicht-aggressive kulturell wertvolle Ziele.

Eine Theorie der literarischen Produktion, wie sie hier flüchtig skizziert wurde, bedingt ihrerseits eine Theorie der Rezeption. Denn auch der Leser hat seine typischen unbewußten Phantasien, die in der Lektüre sowohl mobilisiert wie abgewehrt werden, auch der Leser läßt sich auf einen Phantasieprozeß ein, dessen unbewußte Anteile und dessen verborgenes affektives Konfliktmaterial nicht übersehen werden sollte. In psychoanalytischer Sicht hat die Interpretation die Aufgabe, den Rezeptionsprozeß in seinen verschiedenen Schichten und Aspekten ins Bewußtsein zu heben, wobei man die Möglichkeit, daß die intellektuelle Interpretationsarbeit als eine Form der Rationalisierung ungewollt im Dienste der Abwehr funktioniert, ernsthaft in Betracht ziehen sollte (vgl. Holland 1968).

Wenn in einem Roman z. B. latente mythische Strukturen nachgewiesen werden[4], so stellt sich aus psychoanalytischer Perspektive die Frage nach der unterschwelligen Wirkung dieser vom Durchschnittsleser nicht bewußt wahrgenommenen Elemente des Werkes. Ähnlich wie in der zwischenmenschlichen Kommunikation durch Körpersprache, Intonation u. dgl. viel mehr „gesendet" und „empfangen" wird als das bewußt Intendierte, wirkt der Text auch auf mehr Ebenen als nur auf der der kognitiven Verarbeitung einer Information.

Um dies wenigstens an einem Beispiel zu demonstrieren, möchte ich auf Wolfram Mausers Analyse des Romans ‚Homo faber' von Max Frisch verweisen (Mauser 1981). Indem er mit Hilfe der Psychoanalyse Fabers Verhalten auf eine im Text kaum beschriebene, aber aus ihm plausibel zu rekonstruierende Störung in der frühkindlichen Mutterbeziehung Walter Fabers zurückführt, gelingt es ihm, die literarische Konsistenz der Figur, ihre psychologische Glaubwürdigkeit und Authentizität im Sinne ihrer analytisch „korrekten" Konstruktion nachzuweisen. Diese genetische Erklärung von Fabers irrationalem Verhalten, dessen Rationalismus als gigantische Abwehr seiner Lebensproblematik verstanden werden kann, führt zu einer Ursache (einer Konfliktstruktur), die der Text nicht thematisiert, weil es sich um die Tagebuch-Notizen des selbstentfremdeten Faber handelt. Die analytische Aufdeckung des ihm Unbewußten vertieft unsere Einsicht in eine Tiefendimension der literarischen Struktur des Werkes, die die von der Forschung bisher stärker ausgearbeiteten zeitkritischen und mythischen Schichten trägt.

Als Hauptrichtung innerhalb der umfassenderen Literaturpsychologie ist die Anwendung psychoanalytischer Einsichten auf die Literatur so alt wie die Psychoanalyse selbst, die einige ihrer Konzepte z. T. auf Grund von Literaturdeutungen (Ödipuskomplex) entwickelte. Mit der Rückkehr der Psychoanalyse in die Bundesrepublik nach dem Zweiten Weltkrieg war auch ein Neuansatz der psychoanalytischen

(4) Vgl. z. B. zur ‚Blechtrommel' Diller 1974.

Literaturtheorie verbunden, die sich viel mehr als früher um eine ausgewogene Vermittlung von Literaturtheorie und Psychologie bemüht. Sie etablierte sich seit den sechziger Jahren langsam im akademischen Bereich und hat inzwischen eine beträchtliche Anzahl theoretischer wie interpretatorischer Arbeiten vorgelegt.[5]

2. Zur aktuellen Diskussion über den Literaturunterricht

Um die Möglichkeiten, Grenzen und Gefahren einer Einbeziehung der Psychoanalyse in den Deutschunterricht (oder im engeren Sinne: einer Einbeziehung der psychoanalytisch orientierten Literaturpsychologie in den Literaturunterricht der gymnasialen Sekundarstufe) angemessen darstellen zu können, muß ich nun zunächst kurz auf einige grundsätzliche Probleme der Literaturdidaktik eingehen. Ihre jüngste Geschichte läßt sich an den Titeln dreier maßgebender Publikationen ablesen: ‚Wozu Literatur in der Schule?‘ (1970), ‚Zurück zum Literaturunterricht?‘ (1977) und ‚Wieviel Literatur brauchen Schüler?‘ (1980)[6] Der letzte Band enthält eine ‚Kritische Bilanz und neue Perspektiven des Literaturunterrichts‘ und bietet also viel mehr als die Beantwortung der Titelfrage, welche übrigens die neuere Tendenz zum schülerzentrierten Unterricht dokumentiert. Die Lektüre namentlich dieses Buches hat mich zu den folgenden Überlegungen veranlaßt.
Die Auseinandersetzungen über die theoretische Grundlegung des Lernbereichs „Umgang mit Literatur“ können letztlich nicht zu einem allgemeinen Konsensus führen, weil über die impliziten literaturtheoretischen und anthropologischen wie pädagogischen Prämissen der verschiedenen Modell-Entwürfe kein Konsensus besteht und dieser wohl auch nicht erreicht werden kann. Pour disputer il faut être d'accord. Daß sogar eine hochgradig verwissenschaftlichte Didaktik in ihrer Suche nach der optimalen Methodik wohl nie ganz erfolgreich sein wird, ist auch eine Folge der eigentlichen Unvereinbarkeit der Dichtung (als einer Kunstform) und der Schule als einer von vielen Sachzwängen und hierarchisch-bürokratischen Strukturen geprägten Unterrichts- und Erziehungsinstitution. (Wenn die Schule sich der künstlerischen Berufsausbildung widmet, wie z. B. die Kunstakademie, die Ballettschule oder das Konservatorium, liegen die Dinge allerdings ganz anders, weil dort hauptsächlich (Re-)Produktion und nicht Rezeption/Interpretation gelehrt werden.) Die Literatur – als Kunst – wehrt sich eo ipso gegen ihre Didaktisierung, sie entzieht sich proteisch der pädagogischen Indienstnahme. Sie will, sie muß spielen – und die Schule kann ihr diesen Spielraum nur unter vielen Einschränkungen und mit vielen Vorbehalten bieten. So ist es wohl unvermeidlich, daß die Schule, mit ihrem hauptsächlich kognitiv-lernzielorientierten Unterricht, dazu neigt, die Literatur für pädagogische Zwecke zu *funktionalisieren,* sie als Vehikel für vielerlei nicht-literarische Ziele zu benutzen. Literaturunterricht, auch wenn dieser sich als ästhetische Erziehung versteht, kann gar nicht umhin, das spezifisch Ästhetische auf andere

(5) Um nur einige neuere Titel zu nennen: Goeppert 1978, Dettmering 1981, Rutschky 1981, Cremerius 1981a und 1982, Urban/Mauser 1978ff.
(6) Baumgärtner/Dahrendorf 1970 und 1977, Stein 1980.

Werte zu reduzieren. Was sich an der Literatur *unterrichten* läßt, ist niemals ihr Eigentliches, das eben in ihrer Eigenschaft besteht, sich jeder Funktionalisierung entziehen zu können, oder besser: zu müssen. Diese Didaktisierungsresistenz der Literatur ist ein Aspekt des von Schiller bis zu Adolf Muschg[7] immer wieder betonten Spielcharakters der fiktionalen Dichtung. Damit hängt wieder zusammen, daß die Schule die „ernst gemeinten Scherze“ der Literatur[8] für so verschiedenartige übergeordnete Lernziele verwenden zu können glaubt: für die Erziehung zur politischen Mündigkeit, zur Teilnahme am literarischen Leben, zur Selbstaufklärung, zur Emanzipation, zur Kritikfähigkeit, zur ästhetischen Sensibilität.
Die herrschende, von einigen Kritikern als technokratisch bezeichnete, behavioristisch orientierte Lerntheorie hat den Deutschunterricht gezwungen, seine Lernziele zu explizieren und Formen der Operationalisierung zu entwickeln, damit eine verläßliche Lernzielkontrolle stattfinden könne. Es scheint aber, als ob die Versuche, diesen Anforderungen der Rationalisierung des Unterrichts zu genügen, zwar zu einer Blütezeit der Theoriebildung, aber auch zu der Erkenntnis geführt haben: *die wesentlichen Lernziele sind nicht operationalisierbar*[9], *die operationalisierbaren sind nicht wesentlich.*

Zur Ergänzung dieser Problemskizze müssen wir noch die spezifischen Schwierigkeiten des Deutschunterrichts in den 80er Jahren bedenken, in denen ein verschärftes allgemeines Krisenbewußtsein, fehlende Zukunftsperspektiven und eine lähmende Enttäuschung nach dem Aufschwung der 60er Jahre das geistige Klima, auch in der Schule, prägen. Ferner ist zu beachten, daß eine Didaktik der ästhetischen Erziehung heute viel mehr als vor einigen Jahrzehnten dem Umstand Rechnung zu tragen hat, daß diese von den Schülern allenfalls als Kontrastprogramm in Konkurrenz zu der außerschulischen „Erziehung“ durch die Massenmedien erlebt wird. Man vergegenwärtige sich die überwältigende Fülle „ästhetischer“ Erfahrungen, d. h. an die Phantasie appellierender Fiktionen, die das Fernsehen, das Kino, der Rundfunk und die Schallplattenindustrie heute anzubieten haben, welchem durchaus kommerzialisierten Angebot diese Schülergeneration ziemlich wehrlos ausgeliefert ist, weil es psychologisch raffiniert für sich werben kann, raffinierter, als es das Ästhetik-Angebot der Schule sich je leisten könnte. Namentlich die Bedeutung der Popmusik, deren Texte für Zahllose die einzige Begegnung mit Formen lyrischer Sprache darstellen, für den Lebensstil, ja die Identitätsfindung der meisten Jugendlichen kann heute gar nicht überschätzt werden.

Liegt es vielleicht an dem, was man ein „szientistisches Selbstmißverständnis“[10] der modernen Literaturdidaktik nennen könnte, daß sie unentwegt nach der optimalen Methodik sucht, dabei neuerdings auch den subjektiven Faktor im Umgang mit den Texten einzubeziehen versucht, damit aber in der Regel nur die Subjektivität der Schüler meint, weil paradoxerweise die wichtigste Variable im System Unterricht, die Lehrerpersönlichkeit, sich dem organisatorischen Zugriff, dem rationalen Planungswillen, weitgehend entzieht? Die erziehungswissenschaftliche Ausbildung des

---

(7) Muschg 1981 ist u. a. der aktuelle Versuch einer „Wesensbestimmung“ der Literatur anhand des Vergleichs mit der Therapie.
(8) Goethe über seinen ‚Faust‘ an Sulpiz Boisserée, 24. 11. 1831.
(9) Das ist meine Schlußfolgerung, namentlich aus den Überlegungen in Fingerhut 1980, S. 63.
(10) Die Formel stammt von Jürgen Habermas, der sie auf die Psychoanalyse anwandte. Vgl. Habermas 1968, S. 300–332.

Lehrers hat ihn zwar fachlich qualifiziert. Arbeitet er aber einmal in seinem Beruf, so nehmen sich alle Anforderungen an ihn im Rahmen eines methodischen Konzepts wie fromme Wünsche, wie triviale „unwissenschaftliche" Moralforderungen aus. Trotzdem wird jeder, der eine Schule besucht hat, aus eigener Erfahrung bestätigen können, daß die Persönlichkeit des Lehrers viel mehr als die Wahl der Methode den Erfolg oder den Mißerfolg des Unterrichts bestimmt.
Diese Lehrerpersönlichkeit sieht sich heute in der Arbeit mit einer verunsicherten und häufig demotivierten Schülergeneration einem massiven Druck von verschiedenen Seiten ausgesetzt. Aus dem Dilemma seiner Methodenwahl bieten sich ihm, nach Karlheinz Fingerhut (Stein 1980, S. 69f.), zwei Auswege: der *Formalismus,* der in einer Verengung des Umgangs mit Literatur auf rational-kritische Text- und Strukturanalyse besteht – und der *Aktionismus,* der den spontanen Gefühlsreaktionen möglichst freien Lauf läßt. Inwiefern beide Tendenzen einseitig und unbefriedigend sind und welche anderen Perspektiven eine eventuelle Einbeziehung der Psychoanalyse eröffnen könnte, soll im folgenden besprochen werden.

3. Mögliche Beziehungen zwischen dem Deutschunterricht und der Psychoanalyse

Man kann sich fragen, warum der Deutschunterricht sich – bis auf einige Ausnahmen[11] – erst jetzt mit den Möglichkeiten einer Einbeziehung psychoanalytischer Kategorien und Ergebnisse in den Literaturunterricht der Gymnasien zu beschäftigen anfängt, da es die psychoanalytische Literaturinterpretation als Forschungsrichtung schon lange gibt. Es ist anzunehmen, daß der allgemeine Widerstand gegen die Psychoanalyse (vgl. dazu Cremerius 1981b), verbunden mit der wachsenden Ablehnung einer allzu radikalen Verwissenschaftlichung des eigenen Faches sowie einer allzu raschen Übernahme immer neuer Bezugswissenschaften (Linguistik, Kommunikationstheorie, Semiotik, Strukturalismus, Soziologie, Sozialgeschichte usw.), eine intensivere Auseinandersetzung mit ihr bisher verhinderten. Die Erfahrungen mit der Einführung der Linguistik in den Sprachunterricht haben gelehrt, daß man konsequenter unterscheiden sollte zwischen der Verwissenschaftlichung der Lernstoffe einerseits und der Berücksichtigung der Ergebnisse einer Bezugswissenschaft bei der Konzeption einer Fachdidaktik andererseits. Eine eventuelle literaturpsychologische Neuorientierung des Literaturunterrichts könnte aus diesen Erfahrungen lernen. Es kommt hinzu, daß die schwierige Arbeitssituation der meisten Deutschlehrer, deren Handlungsfreiheit von Schulverwaltung und Unterrichtsplanung eingeschränkt ist, so daß mancher sich als „Durchpeitscher eines Stoff-Solls" (Meisenberg 1982) erlebt, ihnen wenig Raum für Experimente läßt. Die Zukunft wird uns

(11) Als Ausnahmen in der Theorie des Deutschunterrichts sind z. B. die Publikationen der Berliner Projektgruppe zur Erforschung der literarischen Sozialisation in der Schule zu nennen: Eggert/Berg/Rutschky 1975a und 1975b, Eggert/Rutschky 1978. In Materialienbänden für den Literaturunterricht taucht die Psychoanalyse gelegentlich auf, z. B. in Goette 1973, Hoppe 1977, Willenberg 1979.

lehren, ob die Zeit für eine gegenseitige Annäherung von Deutschunterricht und Psychoanalyse gekommen ist.
Die aktuelle Diskussion, wie sie in Peter Steins Buch ,Wieviel Literatur brauchen Schüler?' (1980) geführt wird, scheint mir in verschiedenen Punkten auf Probleme gestoßen zu sein, zu deren Lösung die Psychoanalyse beitragen könnte. Und andererseits hat die neue analytisch orientierte Literaturpsychologie sich in den letzten Jahren sehr intensiv um ihre Vermittlung mit der modernen Literaturwissenschaft bemüht, womit die früher berechtigte Kritik an der kunstfremden „banausischen" psychoanalytischen Interpretation alter Schule gegenstandslos geworden ist.

Psychoanalyse im Deutschunterricht: Das braucht nicht unbedingt einen neuen Lehrstoff für Schüler zu bedeuten, man kann dabei auch an einen neuen Lehrstoff für Lehrer denken, etwa im Sinne einer intensiveren Rezeption der psychoanalytischen Pädagogik, deren lange Tradition im Denken über Erziehungsfragen neuerdings mit der lesenswerten Darstellung von Mario Muck und Gisela Fink-Teichler ,Psychoanalyse und Schule' (1980) fortgesetzt wurde. Der künftige Lehrer sollte wohl nicht nur über Einsichten in die Psychologie der Adoleszenz verfügen, um seine Schüler besser verstehen zu können, sondern daneben gelernt haben, „unbewußte Konfliktzusammenhänge zu spüren und in seine Didaktik und sein Unterrichtsverhalten zu integrieren" (Muck 1980, S. 10). Es wäre sicher wünschenswert, daß in der Lehrerausbildung die Erkenntnisse der psychoanalytischen Pädagogik [12] stärker berücksichtigt und analytische Grundkenntnisse zum Rüstzeug des Lehrers gehören würden. Wenn wir die übergeordneten Lernziele (Autonomie, Emanzipation, Mündigkeit, Kritikfähigkeit usw.) wirklich ernstnehmen, so müßten die Lehrer diese Ideale auch vorleben können, sie nicht nur verbal vertreten. (Die Kritikfähigkeit der Schüler im Hinblick auf falsche Prätentionen ihrer Dozenten ist bekanntlich geradezu optimal zu nennen.) Dazu ist ein gewisses Maß an psychologischem Wissen, wie es die Psychoanalyse verschaffen könnte, unerläßlich.

Ist sie auch ein geeigneter und erwünschter Lehrstoff für Schüler? Nein, aber eine Literaturbetrachtung, die sich psychoanalytischer Methoden bedient, kann meines Erachtens mit Erfolg in der Schule praktiziert werden, wenn der Lehrer sich selbst mit der Materie vertraut gemacht hat. Sie läßt sich mit verschiedenen, obwohl nicht allen Didaktikkonzepten kombinieren. Bevor ich aber auf diese Möglichkeiten für die *Praxis* des Deutschunterrichts eingehe, muß ich mich zunächst mit der Frage nach der Funktion der Psychoanalyse für die *Theorie* des Deutschunterrichts auseinandersetzen, um damit auch Argumente für den Literaturpsychologie-Unterricht in der Schule ins Feld führen zu können.

---

(12) Vgl. das Literaturverzeichnis in Muck 1980, S. 181f.

4. Psychoanalyse als Bezugswissenschaft der Theorie des Deutschunterrichts

Jede Literaturdidaktik geht von einem bestimmten Literaturkonzept aus. Das Modell der politischen Bildung neigt dazu, die Literatur auf ihre Widerspiegelungsfunktion zu reduzieren; es gibt andere Modelle, z. B. das textwissenschaftliche, in denen die Literatur fast nur als Artefakt[13] in Betracht kommt. Die psychoanalytische Betrachtungsweise sieht das literarische Kunstwerk als „ästhetisches Objekt", d. h. ein von einem individuellen Rezipienten verarbeitetes Gebilde, das psychischen Gesetzen unterworfen ist und daher (teilweise) mit psychologischen Mitteln erklärt oder verstanden werden kann. Diese individuelle Verarbeitung theoretisch zu erfassen ist *das* Erkenntnisinteresse der Literaturwissenschaft, die Frage nach der Art und Weise ihrer Berücksichtigung im Unterricht das Hauptinteresse der Literaturdidaktik. Sie hat nicht nur ein Interesse an einer adäquaten Theorie der subjektiven Basis literarischer Erfahrung, sondern auch an deren pädagogischen Aspekten. Soll die Schule etwa das persönliche Betroffensein durch die Lektüre fördern oder negieren, es nur akzeptieren oder es gerade analysieren? Und wenn sie sich für letzteres entscheidet, mit welcher Methodik?

Die Opposition zwischen rational-kritischer und affektiv-spontaner Einstellung, welche sich auch als Differenz in der Gewichtung unterschiedlicher Phasen der Textverarbeitung verstehen läßt, kehrt in der Methodendiskussion des Deutschunterrichts zurück in der Form eines Konfliktes zwischen der Partei der Formalisten, denen es in erster Linie um kognitives Lernen anhand literarischer Texte zu tun ist, und der Partei der Aktionisten, die den spontanen Gefühlsreaktionen viel mehr Aufmerksamkeit schenken wollen. Es ist klargeworden, daß beide Wege in ihrer Extremform Sackgassen darstellen, und Karlheinz Fingerhut hat sicher Recht, wenn er aus der einen Richtung „das Primat der rationalen und gegenstandsadäquaten Analyse" und aus der anderen „das Prinzip des Lebensbezugs" beibehalten will (Fingerhut 1980, S. 71). Die Psychoanalyse – was ist sie denn anders als eine Methode der rationalen und gegenstandsadäquaten Analyse gerade der nicht-rationalen Erfahrungen und Reaktionen? – kann ein Begriffsinstrumentarium für diese Art des schulischen Umgangs mit Texten bereitstellen. Sie kann den vermeintlichen Hiatus zwischen Denken und Fühlen, zwischen kognitiven und emotiven Funktionen überbrücken und das scheinbare Dilemma auf die bloße Frage der Gewichtung von Aspekten reduzieren. Der Psychoanalytiker Luc Ciompi verteidigt, aufgrund einer Verbindung psychoanalytischer Erkenntnisse mit solchen der genetischen Epistemologie von Jean Piaget, das Konzept einer *Affektlogik,* „in der affektive und kognitive Funktionen ein untrennbares Ganzes bilden, das weit mehr als jeder Aspekt für sich unsere eigentliche und erlebte psychische Wirklichkeit ausmachen würde" (Ciompi 1982, S. 226). Wenn das zutrifft, dann hat es keinen Sinn mehr, die affekti-

---

(13) Die Unterscheidung zwischen Artefakt (als materiell gegebenem Zeichen) und ästhetischem Objekt (als sich mit dem Erfahrungsstand des Rezipienten änderndem rezipiertem Zeichen) geht auf den tschechischen Strukturalisten Jan Mukařovský zurück. Vgl. dazu Schmid 1970.

ve gegen die rationale Rezeption (oder umgekehrt) auszuspielen, sondern dann gilt es eher, auch im Unterricht „die gegenseitige Harmonisierung, Öffnung und Validierung von Gedanken und Gefühlen“ (Ciompi 1982, S. 263) anzustreben. Damit beschreitet man einen Weg, der tendenziell zu solchen übergeordneten existentiellen Lernzielen wie Selbstaufklärung (Geißler 1977) oder Emanzipation führt, denn: „Um zu wirklich befreienden Einsichten zu kommen, bedarf es einer exakten Verständigungssprache, einer genau bezeichnenden Terminologie.“ (Fingerhut 1980, S. 67)

Ein anderes Desideratum wäre eine strengere begriffliche Unterscheidung zwischen den pädagogisch erwünschten Anforderungen an die literarische Rezeption und denjenigen an die Interpretation. Daß letztere sich zwar meistens als Auseinandersetzung mit dem Text präsentiert, in Wirklichkeit aber immer auch eine Auseinandersetzung mit der subjektiven Dimension der Textrezeption enthält, ist zwar bekannt und literaturtheoretisch genügend reflektiert. Diese Tatsache bleibt jedoch in der Praxis des Deutschunterrichts ein ungelöstes Problem, bis eine adäquate Theorie der subjektiven Faktoren hier Intuition und Alltagswissen ersetzt. Eine Gefahr nämlich jeder (eo ipso rationalen) Interpretation besteht in der Verkürzung der vorhergegangenen Lektüre-Erfahrung um ihre irrationalen Elemente. Psychoanalytisch formuliert: Die notwendige kritische Rationalität jeder guten Interpretation sollte nicht vor einer Prüfung der Frage haltmachen, inwiefern sie sich in den Dienst des Abwehrmechanismus, der Rationalisierung, gestellt hat, um beunruhigende Gedanken oder Gefühle fernzuhalten.

Ein komplizierender Faktor, dem jede Literaturdidaktik ferner Rechnung zu tragen hat, ist die mit der Klassensituation gegebene *gruppendynamische Modifizierung* der primären Lese-Erfahrungen, welche im Unterrichtsgespräch immer auftritt. Die Erfahrungsberichte von Eggert, Berg und Rutschky (Eggert, Berg, Rutschky 1975a; vgl. auch Rutschky 1977, 1978) zeigen sehr deutlich den Einfluß gruppendynamischer Prozesse auf die in der Diskussion eingenommenen Positionen und auf den Verlauf der ganzen Diskussion. Ein mit der Psychoanalyse etwas vertrauter Lehrer wird die soziale Bedingtheit der Schüler-Reaktionen nicht übersehen und sich seiner eigenen Rolle in diesem Kräftespiel bewußt bleiben.
Zu dem Lernziel der *Kritikfähigkeit,* wie es u. a. die Theorie des ideologiekritischen Leseunterrichts verteidigt hat, ist aus psychoanalytischer Sicht zu bemerken, daß diese wichtige und erwünschte Fähigkeit nicht als eine kognitiv erlernbare Technik des Durchschauens und Entlarvens mißverstanden werden sollte – eine Gefahr, die mit einer unreflektierten Einführung analytischer Deutungsbegriffe eher noch größer würde. Eine Erziehung zur Kritikfähigkeit dürfte die Selbstkritik, d. h. das Erkennen-Können der eigenen widersprüchlichen und irrationalen Motivationen, nicht vernachlässigen.
Daß das Programm des kritischen Lesens nicht ganz gehalten hat, was es versprach, und oft nur zur Trennung zwischen einer im Unterricht eingeübten (schein-)rationalen Textkritik einerseits und einem davon kaum berührten fortgesetzten Konsum von Trivialliteratur und Fernsehserien andererseits führte, hängt wohl mit dem Verkennen des unbewußten Charakters mancher Rezeptionsprozesse, welche daher didaktisch nicht so leicht gesteuert werden können, zusammen. Das Einfühlungsverbot, das Brecht für sein Theater erließ („Glotzt nicht so romantisch!“) und an dem sich das Bremer Kollektiv in seiner Konzeption des Deutschunterrichts orientierte,

konnte offenbar, weil es sich über ununterdrückbare Bedürfnisse hinwegsetzte, nicht die erwünschte Wirkung erzielen (vgl. Eggert 1978, Hildebrandt 1980). Eine Theorie der Lernziele des Deutschunterrichts kann also nicht um die Tatsache einer gewissen Eigengesetzlichkeit der Rezeption umhin. Bevor man diese pädagogisch wirksam beeinflussen kann, muß man genau wissen, wie sie im Alltag, außerhalb der Klasse, zu verlaufen pflegt. Die empirische Rezeptionsforschung hat sich diesen Fragen gewidmet und ist noch weit von ihrer endgültigen Beantwortung entfernt. Sofern sie psychoanalytisch verfährt, wie etwa Norman N. Holland in seiner großen bahnbrechenden Untersuchung ‚5 Readers Reading' (1975b), besteht aber ein Konsensus über die Auffassung des Rezeptionsprozesses als eines psychodynamischen Geschehens, in dem unbewußte oder halbbewußte Phantasien, Konflikte und Impulse sich mit verschiedenen Abwehrmechanismen wie Verschiebung, Verdichtung oder Symbolisierung verschränken.

Zum Lernziel der Erziehung zur *Teilnahme am literarischen Leben* wäre schließlich noch zu bemerken, daß sich dieses natürlich nicht ohne weiteres operationalisieren läßt als: möglichst viel lesen. Angesichts der Abneigung der meisten Schüler gegen anspruchsvolle Lektüre und der Konkurrenz des Fernsehens neigt der Deutschlehrer leicht dazu, das Lesen an sich als Wert zu betrachten. Das *evasorische* Lesen aber, die von autistischen Tendenzen gespeiste Flucht vor einer bedrückenden Realität in die Phantasiewelt, ist ein höchst unerwünschter Typus der Lektüre – darüber ist man sich wohl einig. Dieses Leseverhalten, bei dem aus der jugendlichen Lesewut (K. Rutschky 1980) eine Sucht geworden ist, soll eigentlich auch dann als Entgleisung betrachtet werden, wenn es sich der anerkannten Dichtung bedient.

Ich möchte nun die Frage nach der Relevanz der Psychoanalyse für die Theorie des Deutschunterrichts zusammenfassend so beantworten: Im Prinzip läßt sich die psychoanalytische Betrachtungsweise mit den meisten Didaktikmodellen vereinbaren, sie kann diese modifizieren, sie hat allerdings zu solchen Konzeptionen wie denen der ästhetischen Erziehung (Kreft 1977, 1980, Hopster 1980) und dem erfahrungsbezogenen Projektunterricht (Scheller 1980) mehr Affinität als etwa zum politischen oder ideologiekritischen Literaturunterricht. Ein eigenes Modell für den Deutschunterricht hat sie wohl nicht anzubieten, sie verfügt aber über ein analytisches Instrumentarium, das zur Lösung der „Problematik eines subjektbezogenen Deutschunterrichts" (Bürger 1980, S. 47f.) bisher zu wenig eingesetzt wurde.[14] In einer richtig verstandenen „Verwissenschaftlichung" kann die Psychoanalyse die Bedeutung der unbewußten Dimension im Umgang mit Dichtung verständlich machen, zum Abbau falscher anti-emotionaler Tendenzen beitragen, die irrationalen Motive der Schüler und des Lehrers bewußt und damit verstehbar machen. Damit ist aber die Frage nach der Bedeutung der Psychoanalyse für die Praxis des Deutschunterrichts und namentlich nach ihrer Eignung als Lehrstoff für Schüler noch nicht beantwortet.

(14) Obwohl einige Theoretiker (z. B. Eggert 1978) sich gelegentlich psychoanalytischer Konzepte bedienen, allerdings meistens ohne sie als solche zu präsentieren.

5. Psychoanalytische Literaturbetrachtung als Lehrstoff für Schüler?

Es liegt auf der Hand, sich eine Einführung der psychoanalytischen Literaturbetrachtung in den Schulunterricht in erster Linie in Form von Grund- oder Leistungskursen über literaturpsychologische Verfahren oder über psychoanalytische Textinterpretation vorzustellen. Das sollte aber nicht unüberlegt geschehen, denn gerade aus der Sicht der psychoanalytischen Pädagogik sind auch gewisse Bedenken dagegen zu äußern. Die Form des Kurses zielt traditionell auf die kognitive Verarbeitung eines Wissensstoffes durch die Schüler. Sie vermittelt Erkenntnisse in systematisch-methodischer Weise und strebt in unserem Falle etwa nach dem Lernziel: Einsicht in literarisch-psychologische Zusammenhänge und Gesetzmäßigkeiten, vielleicht auch nach einer gewissen Beherrschung eines Deutungsverfahrens. (Es gibt mehrere Interpretationsmethoden innerhalb der Literaturpsychologie.) Einer der Vorteile dieser Unterrichtsform ist, daß sie sich relativ mühelos in der heutigen Schulpraxis verwirklichen läßt, weil sie ihre übliche Organisationsform übernimmt, ihre didaktischen Voraussetzungen teilt und nur im Inhalt etwas Neues bieten würde. Gerade dieser Inhalt aber ist dazu angetan, die Form in Frage zu stellen. Denn die Psychoanalyse macht uns aufmerksam auf den Unterschied zwischen einer ichfremden, rein-intellektuellen Beherrschung einer Theorie, bei der Gefühle eigentlich nur stören, und einem persönlich motivierten, lebendigen Lernprozeß, der zu einer wahren, den gesamten Menschen potentiell verändernden Einsicht führt. Die „Verbindung von Einsicht und emotionaler Befriedigung kommt aber nur zustande, wenn die Einsicht als eine das konkrete Subjekt betreffende erfahren wird." (Fingerhut 1980, S. 63) Die Konzeption des Kurses müßte berücksichtigen, daß unser auf verbalen Fähigkeiten fußendes Unterrichtssystem der „Gefahr der Reduktion des Begreifens auf seine sprachliche Reproduktion" (Muck 1980, S. 141) Vorschub leistet, weil nun einmal derjenige die beste Note erhält, der am sichersten über das Gelernte sprechen kann. Wir müßten also nach Wegen suchen, wie in einem solchen Kurs vermieden werden kann, daß wichtige Einsichten in einem lebensfernen, gefühlsneutralen Wissenschaftsjargon beredet, bloß intellektuell tradiert werden, daß Sprache dabei nicht als Mittel des Ausdrucks, sondern der Abwehr funktioniert (Muck 1980, S. 143–145). Die moderne Verhaltensnorm des „keep cool", welche die persönliche Betroffenheit zu leugnen versucht, sollte nicht auch noch von der Schule gefördert werden, indem sie das berechtigte Lernziel der Kritikfähigkeit als (oft nur vorgetäuschte) Distanz um jeden Preis mißversteht.
Daß diese Gefahr nicht unterschätzt werden sollte, mag aus folgendem Beispiel hervorgehen.

Die dispensorische Erziehungstheorie

Was den denkenden Menschen von anderen unterscheidet, ist seine Kritikfähigkeit. Kulturen entstehen und gehen unter. Dies ist ein Gesetz allen biologischen Lebens. Eine strukturelle Dialektik zwischen Innovation und Stagnation ist allumfassend konstatierbar. Schon die griechischen Philosophen, und dort vor allem Euklyptos, haben auf diesen Sachverhalt hingewiesen. Dies gilt sogar für das Klima und die Folge der Jahreszeiten.

Die menschliche Gesellschaft gleicht so einem Garten, in dem die prächtigsten Pflanzen neben häßlichem Unkraut gedeihen. Um einen Eisschrank zu erwerben, muß ein Arbeiter in England zehn Stunden arbeiten, in Argentinien etwa zehnmal soviel. Demgegenüber gibt es kaum ein Dorf in Afrika, in dem nicht ein Transistorradio anzutreffen wäre. Die Erziehung in Afrika unterscheidet sich von der Erziehung in Amerika oder Europa. Die Gültigkeit einer mathematischen Formel ist nicht durch Kontinente begrenzt. Gegenstand der Naturwissenschaft ist die Natur. Wenn Naturwissenschaft alles ist, so ist auch alles Gegenstand der Naturwissenschaft. Feld, Wald, Transistorradios und Menschen bilden so eine Einheit im Ganzen. Im Boxsport kommt es darauf an, den Gegner k. o. zu schlagen. Der Stärkere gewinnt gegen den Schwächeren. Schönheit als Kategorie der Natur spielt im Boxsport keine Rolle. Die Phänomene der Welt müssen beschrieben und geordnet werden, bevor sie in eine Theorie gebracht werden können. Nichts anderes ist die Grundlage der dispensorischen Theorie, die den Anspruch erhebt, die Phänomene der Welt in ihrer Totalität zu erfassen. Versucht man diese Theorie auf die Erziehung anzuwenden, so heißt dies, eine allumfassende Theorie der Erziehung zu begründen, die ihre Bestätigung letztlich in der Praxis erfährt, wobei Praxis im einfachen Sinne als individuelles und gesellschaftliches Handeln verstanden werden soll. Die dispensorische Erziehungstheorie ist somit nicht nur erkenntnistheoretisches Prinzip, sondern bedeutet vor allem Handlungsorientierung zur Veränderung und Verbesserung individueller und sozialer Lebensbedingungen, die die kulturellen und gesellschaftlichen Unterschiede tendenziell aufzuheben vermag.
(Aus: W. Reyem, Dispensorische Theorie und kritische Gesellschaft, Oldenburg 1980, S. 33.)

In einem Bericht in der ZEIT vom 30. 10. 1981 schreibt Wolfgang Meyer, daß er zur Prüfung der Kritikfähigkeit seiner Schüler und quasi als Lernzielkontrolle diesen völlig sinnlosen, von ihm selbst entworfenen Text über ‚Die dispensorische Erziehungstheorie' in einem Leistungskurs behandelt habe. Weil die Sinnlosigkeit als abstrakter Diskurs getarnt war, wurde die „dispensorische Theorie" nicht als Pseudo-Wissenschaft entlarvt. Auch Studenten eines pädagogischen Proseminars, ja auch Kollegen entdeckten nicht, daß sie auf einen *practical joke* hereingefallen waren, dessen Symptomwert noch größer wird, wenn man bedenkt, daß die Reaktionen und Kommentare der Kollegen recht positiv waren. Das kleine Experiment zeigte die Fragwürdigkeit des Konzepts, auf rein theoretischem Wege zur Kritikfähigkeit erziehen zu wollen. Es macht auch auf den schon erwähnten Einfluß gruppendynamischer Prozesse im Unterricht aufmerksam, wie Rivalität, Konkurrenz, die Angst zu versagen oder sich zu blamieren, die, statt das Lernen zu fördern, oft bloß zu einem Wettkampf im scheinrationalen Reden führen, in dem die Teilnehmer ihre beste Energie darauf verwenden, sich gegenseitig zu imponieren. Man kann daraus lernen, daß eine Gefühlsdisposition (Angst vor Blamage), wenn sie in der „kollektiven Lektüre" als subjektiver Wirkungsfaktor unberücksichtigt bleibt, jede rationale Erziehung unterlaufen kann, offenbar auch in den Studentenjahrgängen, die in der Schule planmäßig *kritisch* zu lesen gelernt haben. So droht am Ende eine Doppelmoral der kritischen Rationalität zu entstehen: Man bekennt sich dazu, kann sie aber nicht praktizieren – der Sexualmoral im viktorianischen Zeitalter vergleichbar.

Ich bin mir bewußt, daß diese Tendenz zur scheinrationalen Rezeption des Unterrichtsstoffes dem Schulsystem inhärent ist und daß sie nicht vom individuellen Lehrer allein umgebogen werden kann. Ich glaube aber, daß es für den Erfolg eines Kurses entscheidend ist, daß der einzelne Lehrer sich dieser Gefahr bewußt ist und diese Tendenz zur Vermeidung wirklichen Lernens seinerseits zu vermeiden lernt. Ich vermute, daß dies u. a. durch die Übung seines Einfühlungsvermögens möglich wird, das ihn seine Schüler weniger als Objekte eines didaktischen Verfahrens und mehr als denkende und fühlende Subjekte in einem Entwicklungsprozeß erleben läßt.

Ein auf psychoanalytischen Erkenntnissen basierender, erfahrungsbezogener Literaturunterricht wird nicht nur vom Schüler fordern, daß er etwas von der Psychoanalyse kennenlernt, sondern auch vom Lehrer verlangen müssen, daß er etwas von der Psychoanalyse versteht. Sonst droht die Gefahr einer „dispensorischen" Literaturpsychologie für die Schule, die einer ichfremden literarischen Sozialisation Vorschub leistet und ungewollt zu einer ästhetischen Desensibilisierung beiträgt. Vielleicht ist, nach den Unterrichtsreformen der 70er Jahre und angesichts der aktuellen Diskussion über praktikable Didaktikmodelle, die Zeit für eine Rezeption der Psychoanalyse im Deutschunterricht günstig. Vieles weist darauf hin, daß man sich auf dem Wege zu einer Unterrichtskonzeption befindet, die – induktiv verfahrend – von den primären Reaktionen ausgeht, diese bewußtmacht und zu verstehen versucht, und zwar als spezifisch ästhetische, d. h. von einem künstlerischen Text ausgelöste Erfahrungen. Damit daraus nicht eine Neuauflage der alten „Einfühlung" wird, ist eine „exakte Verständigungssprache" (Fingerhut 1980, S. 67) nötig. Allerdings sollte ihre Beherrschung nicht zum obersten Lernziel werden.

Es kann nicht meine Aufgabe sein, bei dieser ersten Erkundung des Problemfeldes gebrauchsfertige Modelle eines literaturpsychologischen Unterrichts vorzuschlagen. So muß z. B. die Frage der geeigneten Arbeitsformen wie Klassengespräch, Aufsatz, Rollenspiel, Projektarbeit usw. in diesem Rahmen unbesprochen bleiben. Entscheidend für den Erfolg einer stärkeren literaturpsychologischen Orientierung des Deutschunterrichts sind die Voraussetzungen auf seiten des Lehrers. Ohne entsprechende Kenntnisse und Einstellungen könnte eine psychologistische Funktionalisierung das ganze Konzept verderben. Auch Fingerhuts Warnung vor einer quasitherapeutischen Umfunktionierung des Unterrichts, einer Art „wilden" Analyse im Klassenzimmer (Fingerhut 1980, S. 68ff.), ist ernst zu nehmen. Bewußtseinserweiterung, das „Lernziel" der Psychoanalyse, ist sicherlich fruchtbar mit den Lernzielen des Deutschunterrichts zu verschränken, aber es sollte sie nicht ersetzen.

6. Literatur

Baumgärtner, Alfred C./Dahrendorf, Malte (Hrsg.): Wozu Literatur in der Schule? Beiträge zum literarischen Unterricht. Braunschweig 1970.

Baumgärtner, Alfred C./Dahrendorf, Malte (Hrsg.): Zurück zum Literaturunterricht? Literaturdidaktische Kontroversen. Braunschweig 1977.

Beutin, Wolfgang (Hrsg.): Literatur und Psychoanalyse. München 1972.

Bürger, Christa: Kritischer Literaturunterricht und Subjektivität. In: Stein 1980, S. 47–60.

Ciompi, Luc: Über Affektlogik. Auf der Grundlage von Psychoanalyse und genetischer Epistemologie. In: Psyche 36 (1982), H. 3, S. 226–266.

Cremerius, Johannes u. a. (Hrsg.): Freiburger literaturpsychologische Gespräche. Erste Folge bes. von F. Wyatt. Frankfurt/M. und Bern 1981 (a).

Cremerius, Johannes (Hrsg.): Die Rezeption der Psychoanalyse in der Soziologie, Psychologie und Theologie im deutschsprachigen Raum bis 1940. Frankfurt/M. 1981 (b).

Cremerius, Johannes u. a. (Hrsg.): Freiburger literaturpsychologische Gespräche. Zweite Folge bes. von J. Cremerius. Frankfurt/M. und Bern 1982.

Dettmering, Peter: Psychoanalyse als Instrument der Literaturwissenschaft. Frankfurt/M. 1981.

Diller, Edward: A mythic journey. Günter Grass's Tin Drum. Lexington, Ky. 1974.

Eggert, Hartmut/Berg, Hans Christoph/Rutschky, Michael u. a.: Schüler im Literaturunterricht. Ein Erfahrungsbericht. Köln 1975(a).

Eggert, Hartmut/Berg, Hans Christoph/ Rutschky, Michael: Die im Text versteckten Schüler. Probleme einer Rezeptionsforschung in praktischer Absicht. In: Grimm 1975, S. 272–294 (b).

Eggert, Hartmut/Rutschky, Michael (Hrsg.): Literarisches Rollenspiel in der Schule. Heidelberg 1978.

Eggert, Hartmut: Was heißt und was vermag ‚Kritisches Lesen'? In: Eggert/Rutschky 1978, S. 147–162.

Fingerhut, Karlheinz: Lernen an der Biographie von Texten. In: Stein 1980, S. 61–93.

Freud, Sigmund: Der Dichter und das Phantasieren (1908). In: Ges. Werke Bd. VII, S. 213–223.

Geißler, Rolf: Wider den technokratischen Reform-Formalismus. In: Baumgärtner/Dahrendorf 1977, S. 48–63.

Goeppert, Sebastian (Hrsg.): Perspektiven psychoanalytischer Literaturkritik. Freiburg i. Br. 1978.

Goette, Jürgen-Wolfgang (Hrsg.): Methoden der Literaturanalyse im 20. Jahrhundert. Frankfurt/M. usw. 1973.

Grimm, Gunter (Hrsg.): Literatur und Leser. Theorien und Modelle zur Rezeption literarischer Werke. Stuttgart 1975.

Groeben, Norbert: Literaturpsychologie. Stuttgart usw. 1972.

Habermas, Jürgen: Erkenntnis und Interesse. Frankfurt/M. 1968.

Hildebrandt, Klaus: Literaturunterricht des Bremer Kollektivs – Fazit und Ausblick. In: Stein 1980, S. 94–114.

Holland, Norman N.: The Dynamics of Literary Response. New York 1968.

Holland, Norman N.: Form als Abwehr. In: Wolff 1975, S. 355–378(a).

Holland, Norman N.: 5 Readers Reading. New Haven und London 1975(b).

Hoppe, Otfried: Werk und Rezeption. Hermann Hesse: Der Steppenwolf. (Deutsch in der Sekundarstufe II. Kurs 2) Stuttgart 1977.

Hopster, Norbert: Deutschunterricht als ästhetische Erziehung? Zur Frage der Möglichkeit einer unterrichtstheoretischen Begründung für den „Umgang mit Texten". In: Stein 1980, S. 115–128.

Kreft, Jürgen: Grundprobleme der Literaturdidaktik. Eine Fachdidaktik im Konzept sozialer und individueller Entwicklung und Geschichte. Heidelberg 1977.

Kreft, Jürgen: Materialistische oder progressive Deutschdidaktik? In: Stein 1980, S. 129–148.

Kris, Ernst: Die ästhetische Illusion. Phänomene der Kunst in der Sicht der Psychoanalyse. Frankfurt/M. 1977.

Laplanche, J./Pontalis, J.-B.: Das Vokabular der Psychoanalyse. 2 Bde. Frankfurt/M. 1972.

Lesser, Simon O.: Die Funktionen der Form. In: Beutin 1972, S. 277–300.

Mauser, Wolfram: Max Frischs Homo Faber. In: Cremerius 1981a, S. 79–95.

Meisenberg, Peter: Angst, ein Narr im Schuldienst zu werden. Warum ein junger Lehrer die sichere Beamtenexistenz aufgibt. In: Die ZEIT, 1. 1. 1982, S. 25.

Muck, Mario: Psychoanalyse und Schule. Grundlagen, Situationen, Lösungen. Unter Mitarbeit von Gisela Fink-Teichler. Stuttgart 1980.

Muschg, Adolf: Literatur als Therapie? Ein Exkurs über das Heilsame und das Unheilbare. Frankfurt/M. 1981.

Pietzcker, Carl: Zum Verhältnis von Traum und literarischem Kunstwerk. In: J. Cremerius (Hrsg.): Psychoanalytische Textinterpretation. Hamburg 1974, S. 57–69.

Rutschky, Katharina: Die Lesewut. Autonome Bildungsprozesse von Kindern im 19. Jahrhundert. In: Der Deutschunterricht 32 (1980), H. 5, S. 78–98.

Rutschky, Michael: Literarische Erfahrung in der Schule? Aus dem Deutschunterricht einer Gymnasialklasse. In: Merkur 31 (1977), H. 1, S. 55–65.

Rutschky, Michael: Die Darstellung einer Deutschlehrerin. Bildungsforschung als Ethnographie der Erfahrung. In: Neue Sammlung 18 (1978), H. 4, S. 380–395.

Rutschky, Michael: Lektüre der Seele. Eine historische Studie über die Psychoanalyse der Literatur. Frankfurt/M. 1981.

Scheller, Ingo: Eulenspiegel oder über den produktiven Umgang mit Literatur. Überlegungen zum erfahrungsbezogenen Literaturunterricht – am Beispiel eines Unterrichtsprojekts. In: Stein 1980, S. 180–194.

Schmid, Herta: Zum Begriff der ästhetischen Konkretisation im tschechischen Strukturalismus. In: Sprache im technischen Zeitalter 36 (1970), S. 290–318.

Smith, Joseph H. (Ed.): The Literary Freud: Mechanisms of Defense and the Poetic Will. New Haven und London 1980.

Stein, Peter (Hrsg.): Wieviel Literatur brauchen Schüler? Kritische Bilanz und neue Perspektiven des Literaturunterrichts. Stuttgart 1980.

Urban, Bernd/Mauser, Wolfram (Hrsg.): Reihe Literatur und Psychologie. Frankfurt/M. und Bern 1978ff.

Willenberg, Heiner: Die Entdeckung des Unbewußten. Historische und systematische Lektüre eines Freud-Textes. (Deutsch in der Sekundarstufe II. Kurs 5) Stuttgart 1979.

Wolff, Reinhold (Hrsg.): Psychoanalytische Literaturkritik. München 1975.

Wucherpfennig, Wolf: Kindheitskult und Irrationalismus in der Literatur um 1900. Friedrich Huch und seine Zeit. München 1980.

Professor Dr. Walter Schönau, Germanistisches Institut der Universität Groningen, Grote Rozenstraat 15, 9712 TG Groningen (Niederlande)

FREUD
für kindgerechten Unterricht

Selbst bei konsequenter Anwendung des Prinzips, Kindern nicht mehr zu sagen, als sie schon wissen, wird uns auch in Zukunft die Gefahr der Theorielastigkeit zu schaffen machen. Um so mehr ist dem Zeichner *Whitney Darrow* zu danken, daß er mit seiner Einführung in die psychoanalytischen Grundbegriffe einen Weg gefunden hat, alle Gefahr zu bannen.

Cartoons von W. Darrow aus: L. Armstrong: Freud für Kinder, © Focus-Verlag, Gießen.

1 Wenn du dafür deinen Pappi beim Halmaspiel schlägst, nenn das eine GESUNDE AGGRESSION.

2 Wenn er wütend darüber werden will, sag, er ist UNSICHER.

3 Wenn er es sich anders überlegt, sag er ist LABIL.

4 Stellst du ihm auf der Treppe ein Bein, wenn Mammi es nicht sieht, dann ist das FEINDSELIGKEIT.

5 Wenn er dasselbe mit dir macht, sag er ist INFANTIL.

6 Wenn du das Bild von einem Drachen malst und es „Pappi" nennst, dann ist das SUBLIMIERUNG.

7 Wenn du keinen Drachen malst und ihn „Pappi" nennst, dann hast du es VERDRÄNGT.

8 Das Bild selbst wird SYMBOL genannt. Das bedeutet, Pappi ist in Wirklichkeit kein Drache.

9 Wenn du darauf bestehst, er sei einer, dann nennt man das eine ILLUSION.

10 Wenn dir das öfter passiert, dann ist das eine ZWANGSVORSTELLUNG.

11 Wenn du meinst, du bist auch ein Drache, dann heißt das IDENTIFIKATION.

12 Wenn du behauptest, es sei *besser* ein Drache zu sein, dann ist das eine RATIONALISIERUNG.

13 Wenn du dir vorstellst, daß der kleine Drache den großen erschlägt, nennt man das PHANTASIEREN.

14 Wenn du dir das oft vorstellst, dann ist das ein WIEDERHOLUNGSZWANG.

15 Wenn du es nicht schaffst, es dir vorzustellen, dann ist es UNTERDRÜCKT.

16 Wenn du dir vorstellst, daß der kleine Drachen den großen Drachen erschlägt und in Stücke haut, dann bist du SADISTISCH.

17 Wenn du dir vorstellst, daß der große Drache den kleinen Drachen erschlägt und in Stücke reißt, dann bist du MASOCHISTISCH.

18 Dahinter steckt, daß du SCHULDGEFÜHLE hast wegen dem, was du deinem Dra ... äh Pappi antun möchtest.

Axel Frank

Einführung in psychoanalytische Literaturbetrachtung

Ein Unterrichtsversuch im Leistungskurs Deutsch

Der Autor beschreibt eine Unterrichtseinheit, in der versucht wurde, grundlegende Erkenntnisse der Psychoanalyse zum Literaturverständnis an der Schule zu vermitteln. Nach einleitenden didaktischen Bemerkungen folgen Vorschläge für die meist vom Deutschlehrer als schwierig empfundene Erarbeitung psychoanalytischen Grundwissens. Abschließend werden die literaturpsychologischen Theorien an den Äußerungen eines Schriftstellers überprüft und auf andere literarische Texte übertragen.

Didaktische Überlegungen

Die vorliegende Unterrichtseinheit ging aus dem Versuch hervor, Leistungskursschüler mit verschiedenen Methoden der Literaturwissenschaft bekanntzumachen. Wenn auch versucht wurde, auf der neugestalteten gymnasialen Oberstufe die Forderung nach einem wissenschaftspropädeutischen Unterricht einzulösen, so ist doch der Terminus „Einführung" nicht im Sinne eines Lehrganges zu verstehen. Es sollen nicht systematisch fachwissenschaftliche Daten und Begriffe vermittelt, sondern problembezogen auf dem Hintergrund der Fachwissenschaft Texte zur Entstehung und Wirkung von Literatur gelesen werden, die lebenspraktische Bedeutung beanspruchen können. – In einer Unterrichtseinheit über Literaturpsychologie werden die Schüler mit einem Interpretationsansatz konfrontiert, der in besonderer Weise die dichterische Kreativität, das Verhältnis zwischen dichtendem Autor und fiktiven Figuren des Textes und die Rezeption von Literatur untersucht. Die psychoanalytische Literaturtheorie hat zu diesen Bereichen jeweils wichtige Aussagen gemacht, die unser Verständnis von Literatur und der literarischen Kommunikation bereichert haben und Schülern, sofern sie über das nötige Reflexionsniveau verfügen, nicht vorenthalten werden sollten. Die literaturpsychologischen Erkenntnisse werden den Schüler nicht unbeeinflußt lassen. Da die Psychoanalyse versucht, sich der künstlerischen Kreativität mit rationalen Mitteln zu nähern, kann Literatur nicht in romantischer Verklärung als ein Werk genialisch begabter Menschen angesehen werden. Gleichsam als Nebenprodukt erhalten die Schüler eine Einführung in die Psychoanalyse. Sie werden mit einem Realienbereich bekannt gemacht, der unsere Kultur und unsere Anschauung vom Menschen bis in die Sprache hinein geprägt hat. Auf eine Einführung im Sinne einer indoktrinierenden Festlegung auf die Psychoanalyse als seligmachende Weltanschauung oder auf eine Handhabung der Psychoanalyse als esoterische Geheimwissenschaft sollte man jedoch verzichten und

den Schülern die Möglichkeit geben, die Psychoanalyse kritisch einzuschätzen.
Die Vermittlung psychoanalytischen Wissens wird sich aus mehreren Gründen als schwierig erweisen. Die Psychoanalyse kann durch ihre Konzepte – wie beispielsweise durch die Behandlung ödipaler Problematik in dieser Unterrichtseinheit – tabuisierte und verdrängte Vorstellungen ansprechen und dadurch emotionalen Widerstand hervorrufen. Der Lehrer, gegen den sich dieser Widerstand letzten Endes richten könnte, wird gut daran tun, nicht als Alleinvermittler der Psychoanalyse aufzutreten. Durch die Arbeit am Text und in der Gruppe und durch den Verweis auf nähere Informationen in Fachlexika und Fachliteratur erhöht sich die Glaubwürdigkeit des neuen Wissens für die Schüler.
Wie jede Wissenschaft hat sich die Psychoanalyse einen Begriffsapparat geschaffen, der durch seine Komplexität nicht nur Schülern im Verstehen Grenzen setzt. Im Bereich der Schule kommt es indessen sicher nicht darauf an, die Psychoanalyse in ihren vielfältigen Inhalten und Begriffen darzustellen. Psychoanalytische Vorstellungen werden in dieser Einheit nur insoweit erläutert, als sie für die literaturpsychologische Betrachtungsweise relevant sind. *Als grundlegend für diese Betrachtung wird die Funktionsweise des psychischen Apparates sowie die an den Gesetzen der Traumbildung erkannte Theorie der menschlichen Phantasietätigkeit erachtet.* Um den Aussagen der psychoanalytischen Interpretation kritisch begegnen zu können, ist ferner eine Kenntnis der psychoanalytischen Verifizierungstechnik unbewußter Gehalte nötig. Auch im literaturpsychologischen Teil dieser Einheit erfolgt eine didaktische Reduktion. Von der psychoanalytischen Literaturtheorie sollen die Aussagen zum dichterischen Produktionsprozeß und die rezeptionsästhetischen Überlegungen, wie sie in Freuds Arbeit ‚Der Dichter und das Phantasieren' (1908) dargelegt sind, in einfacher Form und nicht auf dem Niveau wissenschaftlicher Reflexion thematisiert werden. Literaturpsychologische Interpretationen am Text werden in den ihnen zugrundeliegenden Konzeptionen auf den Ödipus-Komplex beschränkt.[1] Eine Problematisierung des Verhältnisses zwischen Kunst und Neurose ist nicht angebracht, doch sollten die Schüler zumindest wissen, daß die Interpretation eines Kunstwerkes mit psychologischen Mitteln keine Pathographie des Autors anstrebt.
Durch die genannten Beschränkungen wird eine „unendliche" Rezeption der Psychoanalyse, welche die Schule weder leisten kann noch soll, vermieden. Statt dessen sollte der Lehrer mehr Wert darauf legen, das psychoanalytische Denken selbst in seiner Eigenart den Schülern nahezubringen.

Das psychoanalytische Denken zeichnet sich durch eine Reihe ungewohnter Denkoperationen und Untersuchungsverfahren aus, so beispielsweise die Rekonstruktion des psychischen Apparates aus klinischem Material oder etwa die Gleichsetzung seelischer Vorgänge im infantilen Entwicklungsstadium von Kindern (Ontogenese) und bei unzivilisierten Völkern (Phylogenese). An dieser Stelle möchte ich jedoch vor allem den dialektischen Charakter des psychoanalytischen Denkens hervorheben. Auf der Grundlage der formalen Logik erscheint der Begriffs-

---

(1) Grundsätzlich kann ein Text nach dem in ihn eingegangenen Schema der Objektbeziehungen (ödipale Phase), nach psychotischen Mechanismen (Störungen in der frühen Mutter-Kind-Beziehung), nach narzißtischen Phantasien (Konstituierung des Kindes als Einzelwesen aus der Mutter-Kind-Dyade) und nach Aggressionsproblematik befragt werden.

apparat der Psychoanalyse oft widersprüchlich. Vom Standpunkt der Philosophie aus weiß jemand etwas oder er weiß es nicht, während Freud unsinnigerweise behauptete, jemand wisse zwar etwas, sei sich aber dessen nicht bewußt.
Diese Denkform bietet den Nachteil, daß sie bei den Personen, die mit der Psychoanalyse nicht vertraut sind, enorme Ablehnung hervorrufen kann. Wer aber für sie Verständnis entwickelt hat, kann eigene und fremde psychische Tätigkeit adäquater und abweichend vom „common sense“ einordnen. So wird beispielsweise in der Psychoanalyse von einem beobachtbaren Verhalten auf eine gegensätzliche, versteckte Intention geschlossen. Dies kann der Fall sein bei einer Mutter, die ihr Kind ablehnt, vor sich selbst jedoch solche Gefühle nicht zugeben will und mit übertriebener Fürsorge gegenüber ihrem Kind verbrämt (Reaktionsbildung). Und das Kind in der ödipalen Phase hegt zwar feindselige Wünsche gegenüber dem elterlichen Konkurrenten; die liebevollen Gefühle, die es diesem Elternteil gegenüber als vertrauter Bezugsperson seit seiner Geburt entwickelt hat, werden aber dadurch nicht beeinträchtigt: Die gegensätzlichen Empfindungen von Liebe und Haß bestehen nebeneinander (Ambivalenz).

Damit sollte deutlich werden, daß eine Einheit über Literaturpsychologie neben der Vermittlung literaturpsychologischer Kenntnisse eine Reihe affektiver Lernziele verfolgt, die sich aber naturgemäß nur schwer operationalisieren lassen. Ein weiterer didaktischer Aspekt kommt durch die Textauswahl, die sich, soweit möglich, an Freud-Texten orientiert, hinzu. Sprache als Mittel der wissenschaftlichen Kommunikation und als künstlerische Gestaltung sind in Freuds Abhandlungen gleichermaßen präsent. Die im Unterricht vorgelegten Texte von Freud lassen sich so nicht nur nach den in ihnen fixierten psychoanalytischen Erfahrungen befragen, sondern auch nach den in ihnen eingegangenen stilistischen und ästhetischen Mitteln, die den Ruf des Autors als eines der größten Essayisten und Stilisten des 20. Jahrhunderts begründet haben.[2]
Aufgrund der bisher beschriebenen Prämissen ergeben sich für die Einheit folgende Lernziele:

Kognitive Lernziele:

1. Die Schüler sollen
   - Grundkenntnisse der Psychoanalyse erwerben.
   - ihre Entstehung datieren können, einige Daten und Fakten aus dem Leben ihres Begründers wissen und ihre wichtigsten Entdeckungen nennen können.
   - das Modell des psychischen Apparates, die Konzeption des Ödipus-Komplexes und die Traumtheorie in vereinfachter Form erklären können.
2. Die Schüler sollen – nachdem sie bereits Grundwissen über verschiedene andere wichtige Methoden der Literaturwissenschaft besitzen –
   - spezielle Kenntnisse über die psychoanalytische Literaturbetrachtung erwerben.
   - wissen, daß der dichterische Schaffensvorgang von der unbewußten Denktätigkeit (Primärvorgang) beeinflußt wird und deren Mechanismen aufweist.
   - wissen, daß Literatur ähnlich wie der Traum eine phantasierte Befriedigung von Es-Antrieben darstellt, auf die das Ich unter der Zensur des Über-Ich reagiert.
   - angeben können, worauf nach Freud der Genuß des Kunstwerkes herrührt.

(2) Freud erhielt im Jahre 1930 den Goethe-Preis. Über Freud als Schriftsteller informieren Schönau (1968) und Marcus (1974).

- den Unterschied zwischen psychotischer und künstlerisch-kreativer Seelentätigkeit angeben können.
- den Unterschied in der Verifizierung psychoanalytischer Aussagen in der therapeutischen Situation und in literarischen Interpretationen angeben können.
- angeben können, welche Aspekte der Literatur von der Psychoanalyse besonders untersucht werden.

Affektive Lernziele:
1. Die Schüler sollen mit der psychoanalytischen Denkweise vertraut werden.
2. Sie sollen Dichter als normale Menschen wahrnehmen, die in bestimmter Weise lebensgeschichtlich geprägt wurden.

Instrumentelle Lernziele:
1. Die Schüler sollen üben, aus dem literaturpsychologischen Ansatz Fragestellungen für die konkrete Interpretation von Texten ableiten zu können.
2. Sie sollen die Fähigkeit entwickeln, psychoanalytische Literaturinterpretationen kritisch zu rezipieren.

Eine Einheit über Literaturpsychologie muß der Gefahr allzu rigoroser Lehrervorträge entgehen. Andererseits kommt kein Unterricht ohne expositorische Unterrichtsformen aus. Die darstellende Unterrichtsform wurde immer dann gewählt, wenn literaturtheoretische Aspekte an den Texten nicht zu erarbeiten waren oder Ergebnisse in systematisierter Form zusammengefaßt werden mußten. Die Schüler bildeten Gruppen und bearbeiteten den Text. Als Hilfestellung wurde jeder Text mit einem Fragekatalog versehen. Die sprachliche Kommunikation in der Gruppenarbeit, der Austausch von Ergebnissen sollte die Aneignung neuer Begriffe und Konzepte in angstfreier Form ermöglichen. Waren Inhalt und Argumentation eines Textes verstanden, ging es darum, den Text in den Erfahrungsbereich der Schüler zurückzuholen, sie durch Impulse auf den Text und eigene Praxis im Umgang mit Literatur reflektieren zu lassen.

Zur Durchführung der Unterrichtseinheit

1. Einführung der psychologischen Literaturbetrachtung

Für die Unterrichtseinheit sind ca. 12 Stunden zu veranschlagen; wegen der gebotenen Kürze werden aus der gesamten Einheit hier nur die Teile, die die psychoanalytische Literaturbetrachtung bei den Schülern einführen, ausführlicher dargestellt. Eine Unterrichtseinheit über Literaturpsychologie verlangt eine besonders gestaltete Eingangsphase, in der die Notwendigkeit literaturpsychologischer Betrachtung aufgezeigt, Motivation geweckt und Informationen zur Psychoanalyse und ihrem Begründer gegeben werden sollten. Die ‚Geschichte vom wilden Jäger' aus Heinrich Hoffmanns ‚Struwwelpeter' (1845) und Kurzreferate aus der Freud-Biographie von Jones (1969) erfüllen diese Forderungen. In der ersten Stunde wurden die Kursteilnehmer mit dem ‚Struwwelpeter' und einem Zitat[3], das die Erziehungsziele dieses Kinderbuchs befürwortet, konfrontiert. Daraus entwickelte sich eine Diskussion

(3) Das Zitat stammt von Scherf (1968) und findet sich im Materialteil.

über die Erziehungsinhalte des ‚Struwwelpeter', die vom Kurs als veraltet bewertet wurden. Im ‚Struwwelpeter' wird das argumentative Erziehergespräch der Aufklärung durch ein drastisches Ausmalen der Bestrafungen und der Konsequenzen bei Ungehorsam abgelöst. Die mit Skepsis aufgenommenen pädagogischen Bemühungen des Buches stehen aber in Kontrast zu seiner ungebrochenen Anziehungskraft: Dutzendware in jedem Kaufhaus, Übersetzungen bis in fast alle Länder der Erde – eine Tatsache, für die zunächst keine Erklärung gefunden werden konnte. Wir wandten uns daraufhin der ‚Geschichte vom wilden Jäger' zu, versuchten ansatzweise eine sozialgeschichtliche Deutung und untersuchten den Text nach formalen Gesichtspunkten. Die Interpretationsansätze, die wir erarbeiteten, konnten die große Wirkung auf Kinder, die vom ‚Struwwelpeter' ausgeht, nicht hinreichend erklären. Damit wurde vorerst deutlich, daß wir uns der (Entwicklungs-)Psychologie zuwenden mußten, um uns Kenntnisse über das Innenleben von 3–6jährigen Kindern anzueignen. Es war auch Einigung darüber zu erzielen, daß das Kind sich wohl in erster Linie mit dem Hasen identifizieren würde. Statt der spekulativen Einsetzung[4] von „Bürgertum" und „Adel" für Jäger und Hase erfolgte aus der Sicht heraus, daß das Kind Adressat des ‚Struwwelpeter' ist[5], die Einsetzung „Kind" (= Sohn) und „Vater". Das Konfliktschema war eindeutig so zu bestimmen, daß eine von Natur aus schwache Person sich an die Stelle des Stärkeren setzt, indem sie den Stärkeren um Dinge beraubt, die erst dessen Autorität ausmachen. Die Objekte, durch welche die Figuren Bedeutung erlangen, werden dabei im Bild (überlanges Gewehr) und im Text (Brille durch Inversion) hervorgehoben. Der Schluß der Geschichte – der Hase trifft mit seiner Flinte die Kaffeetasse der Jägersfrau, während sich der Jäger durch einen Sprung in den Brunnen rettet oder zu Tode kommt – konnte von keinem der Schüler mit einer sinnvollen Bedeutung verknüpft werden. Zusammen mit den märchenhaften Elementen der Geschichte verwies das auf eine psychische Bewußtseinsform, die auch den Schülern gut zugänglich war: auf den Traum. Hier wurde den Schülern eine mögliche psychoanalytische Deutung vorgegeben: Es wurde ihnen erklärt, daß die psychoanalytische Deutung von Träumen die Existenz von Symbolen und Vorstellungen ergeben hat, denen eine bestimmte unbewußte Bedeutung zugeschrieben wird, die, wenn man sie aus der Sprache des Traums in die normale Sprache übersetzt, auch den verworrenen Sinn eines Traums zu entziffern vermag. Auf dieser Grundlage hat ein Psychoanalytiker[6] versucht, den ‚Wilden Jäger' zu interpretieren. Grundlage seiner Interpretation ist der Ödipuskomplex, eine Phase in der kindlichen Entwicklung, in welcher der Sohn seinen Vater als Bedrohung und als Konkurrenten um die Gunst der Mutter empfindet. Der Name dieser Entwicklungs-

(4) Nach Könneker (1977) steht die Geschichte in der Tradition des Motivs der verkehrten Welt. Der Jäger als Inhaber des Jagdrechts steht stellvertretend für den Adel, der Hase für das Bürgertum, das ihm dieses Recht streitig macht; vielleicht war aber auch die Karikatur des bürgerlichen Sonntagsjägers intendiert.
(5) Der ‚Struwwelpeter' wendet sich auch an Erwachsene. Verschiedene Anzeichen sprechen dafür, daß mit der Figur die Karikatur eines Radikalen im Kontext der 48-Revolution beabsichtigt war. Vgl. dazu Könneker (1977).
(6) Ellwanger (1973). Eine kurze Erwähnung findet der ‚Struwwelpeter' auch in Freuds ‚Vorlesungen zur Einführung in die Psychoanalyse' (1969, S. 360).

phase ist einer griechischen Tragödie entlehnt, in der Ödipus scheinbar unwissentlich seinen Vater tötet, die Mutter heiratet und mit Blendung bestraft wird. Nach dieser Interpretation beraubt der Sohn (Hase) seinen Vater (Jäger) um Gewehr und Brille, beides Symbole väterlicher Kraft und Potenz. Die Wegnahme der Brille beläßt den Jäger in derselben mißlichen Situation wie Ödipus, mit dessen Blendung ein gewaltsamer Potenzverlust angedeutet wird. Der „Hasensohn" beseitigt wie Ödipus seinen Vater, um sich der Mutter zuzuwenden: Er trifft die Kaffeetasse der Jägersfrau, das „Gefäß" der Mutter, das damit ebenso wie das Gewehr als unbewußtes Symbol verständlich wird. An diesen Vortrag schloß sich eine Bitte um Bewertung dieser Interpretation an. Die Schüler kritisierten diese Beschreibung als zu abwegig. In ihrer Kritik gab ich ihnen recht: Eine psychoanalytische Symboldeutung in dieser Form sei auch unter Psychoanalytikern umstritten. Andererseits gab ich ihnen zu bedenken, daß

- die Konfliktstruktur der Geschichte, die wir zusammen erarbeitet hatten, genau der ödipalen Situation entspricht.
- die Geschichte auf einmal einen Sinn bekommt.[7]
- vor allem die große Wirkung der Geschichte auf Kinder verständlich wird.

Das Referat über die psychoanalytische Interpretation des ‚Wilden Jäger' erfolgte mit Absicht: Es war die Interpretation eines Dritten, Fremden; die in ihr enthaltenen Informationen konnten so sachlicher und neutraler behandelt werden. In einer Schulstunde kann man natürlich niemanden von der Existenz des Ödipuskomplexes überzeugen. Durch die Hausaufgabe wurde daher die Möglichkeit eines sachlichen Informationszugangs gegeben.[8]

2. Erarbeitung psychoanalytischer Kenntnisse

Eine Woche vor Beginn der Einheit waren einigen Schülern, unter denen sich vor allem zukünftige Medizinstudenten angesprochen fühlten, verschiedene Kapitel aus der Freud-Biographie von Jones (1969) zur Bearbeitung übergeben worden. Durch die Kurzreferate sollte die Entstehung der Psychoanalyse durch den besonderen Weg, den Freuds ärztliche Laufbahn genommen hatte, deutlich werden. Die Schüler sollten verstehen, daß Freud mit Macht seinen Ruhm erzwingen wollte, um seinen Verhältnissen als armer Gelehrter, dem als Jude weitere Aufstiegsmöglichkeiten verbaut wurden, zu entfliehen und die materielle Existenz für eine Familiengründung zu sichern.

Nachdem die ‚Geschichte vom wilden Jäger' als ödipaler Konflikt interpretiert worden war, sollten die Schüler auch mit der Theorie des Ödipuskomplexes vertraut werden. Nach der Besprechung der Kurzreferate folgte deshalb die Lektüre eines

(7) Auch das Schlußbild wird verständlich: Die Schuld hat nicht der Sohn (Hase) zu tragen, sondern das aus der schuldhaften Beziehung mit der Jägersfrau hervorgegangene Kind – der kleine Hase, das „gebrannte" Kind, dem der Kaffee auf die Nase tropft. Vgl. Ellwanger (1973, S. 641).

(8) In der Oberstufenbibliothek wurde das ‚Vokabular der Psychoanalyse' von Laplanche/Pontalis (1973) und ein Verzeichnis psychoanalytischer Begriffe von Goeppert (1976) ausgelegt. Hausaufgabe war die Lektüre ‚Der Ödipuskomplex' (in Goette 1973).

Textausschnittes[9] aus Freuds ‚Traumdeutung' (1900). Freud berichtet dort von einer Reihe gleichartiger Träume, die er bei Neurotikern fand. Sie haben, begleitet von den Empfindungen der Angst und Trauer, den Verlust und Tod eines oder beider Elternteile zum Inhalt. Der Sohn (die Tochter) wünscht sich den Tod des Vaters (der Mutter), um sich dem geliebten Elternteil zuwenden zu können, bestraft sich jedoch mit dessen Verlust. Da vor allem Kindheitswünsche eine Fixierung im Unbewußten erfahren, kann dieser in einer bestimmten Entwicklungsphase ausgebildete und dann verdrängte Wunsch nach dem Tod eines Elternteils auch im Erwachsenenleben wiederholt werden. Um die Allgemeingültigkeit des an Neurotikern gefundenen Ödipuskomplexes zu erweisen, analysiert Freud den ‚Ödipus' von Sophokles und Shakespeares ‚Hamlet'. Die ödipale Konstellation wird zum eigentlichen „agens" beider Werke erklärt und für ihre überzeitliche Wirkung verantwortlich gemacht.

Statt des genannten Textauszuges oder auch zusätzlich kann die Kurzgeschichte ‚Mein Ödipuskomplex' von Frank O'Connor (1966) gelesen werden.[10] Aus der eingeschränkten Perspektive des 5jährigen Larry wird geschildert, wie sich sein Leben verändert, nachdem sein Vater aus dem Krieg heimgekehrt ist. Er muß die ihm bisher zuteil gewordene Zuwendung und Aufmerksamkeit durch die Mutter an den Vater abtreten, so daß er ihn in den Krieg zurückwünscht. Der empfundene Haß und Neid wird auf den Vater projiziert: „[Vater] sah mich an wie ein Riese, der mich ermorden wollte. Auf einmal begriff ich, daß ich neidisch auf ihn war."[11]

Der ödipale Konflikt löst sich dadurch auf, daß Larry sich mit dem Vater identifiziert, sein Verhalten nachahmt und die Mutter heiraten möchte, wenn er erwachsen ist. – Ohne daß eine atente Bedeutung konstruiert werden müßte, werden in der Kurzgeschichte verschiedene Aspekte der ödipalen Phase anschaulich dargestellt. Abweichend von dem karikierenden Bild, das von Gegnern der Psychoanalyse gezeichnet wird, kann deutlich werden, daß die Psychoanalyse den Ödipuskonflikt als eine wichtige Phase in der Entwicklung des Individuums ansieht, in der es durch die Bildung des Über-Ich und durch die Prägung von Objektbeziehungen sozialisiert wird.

Die Besprechung des Ödipus-Mythos als „uralter Traumstoff" (Freud) gab Gelegenheit, das Traummodell der Psychoanalyse in knappen Zügen und anhand eines Beispiels zu erklären. Den vorgestellten Traum träumte eine junge Patientin in Behandlung des bekannten amerikanischen Psychoanalytikers Erikson.[12]

---

(9) Bei diesem Text handelt es sich um einen Auszug aus dem Kapitel ‚Die Träume vom Tod teurer Personen' in: Freud (1969, S. 253 ff.), Die Traumdeutung. Unter dem Titel ‚Der Ödipuskomplex' findet sich dieser Auszug in dem Heft ‚Methoden der Literaturanalyse im 20. Jahrhundert' von Goette (1973). Der Abdruck des einzigen Interpretationsbeispiels in diesem Schülerarbeitsheft, ein Ausschnitt über Kafkas „Verwandlung" aus der Arbeit von Kaiser (1931) ist eher geeignet, den psychologischen Interpretationsansatz zu disqualifizieren, als ihn in seinen Anwendungsmöglichkeiten zu demonstrieren. Der Autor hat die Wendung der Psychoanalyse von der Tiefenpsychologie zur Ichpsychologie noch nicht vollzogen, die Interpretation erschöpft sich deshalb in triebdynamischer Symbolübersetzung. Ein zweiter Kritikpunkt betrifft die Kürzungen. Eliminiert wurden in Freuds Schrift ‚Der Dichter und das Phantasieren' jene Stellen, die in didaktischer Absicht erläuternde Funktion besitzen. Um wieviel mehr muß diese Funktion Geltung haben für Schüler, für die dieser Text ausgewählt wurde?

(10) Den Hinweis auf diesen Text verdanke ich Hansen (1974), der eine literaturpsychologische Einheit für eine 11. Klasse konzipiert hat.

(11) O'Connor (^{2}1976, S. 819).

(12) Das Traumbeispiel wurde wegen seiner Kürze, und weil der latente Traumgedanke nur

Der Traum bestand lediglich aus dem bildhaft vorgestellten Wort S(E)INE. Erst die möglichen phonetischen Realisationen ergeben eine Fülle von Lesarten dieses Wortes, das von einer Frau geträumt wurde, die mehrere Sprachen fließend beherrschte.

TA S(E)INE

SEINE	SINE	SEH(E)N	ERIKSON	SEINE
(frz.)	(lat.)	(dt.)	(Eigenname)	(dt.)

Die Patientin litt nach einem Besuch des Louvre an Gehunfähigkeit und Raumangst; sie konnte sich an das, was sie dort gesehen hatte, nicht erinnern. In der Behandlung ergab sich jedoch, daß die Symptome auftraten, nachdem sie ein Bild mit dem Titel ‚Die Beschneidung Christi' betrachtet hatte.
Nachdem wir unter dem durch die Klammer hervorgehobenen (E) eine Abkürzung für den Analytiker vermutet hatten, wurde eine weitere Information zur psychoanalytischen Behandlungstechnik mitgeteilt: In einer besonderen Form des Gesprächs versucht der Analytiker durch eine bestimmte Technik unbewußte, frühkindliche Verhaltensformen des Patienten auf ihn selbst zu „übertragen". Im vorliegenden Fall hatte die Analyse ergeben, daß die Patientin in ihrer seelischen Entwicklung noch an frühkindliche voyeuristische Bestrebungen gebunden war, die in einer normalen Entwicklung überwunden werden; gegen diese voyeuristischen Tendenzen mußte die Patientin ankämpfen, gleichwohl waren sie ihr unbewußt. Im Unterrichtsgespräch wurde anschließend versucht, die Wörter in der dritten Linie des Tafelbildes zu einem Satz zu ordnen, der gleichzeitig einen Wunsch darstellen sollte:

SEINE	SINE	SEHEN	ERIKSON	SEINE
(frz.)	(lat.)	(dt.)	(Eigenname)	(dt.)
↓	↓	↓	↓	↓
PARIS	OHNE	SEHEN	ERIKSON	SEINE

IN PARIS ERIKSON OHNE SEINE (KLEIDUNG) SEHEN

Bei dem ärztlichen Nachweis einer voyeuristischen Tendenz bei der neurotischen Patientin klingt die Ersetzung des fehlenden Satzobjektes in der vorliegenden Form plausibel.

Der Wunschcharakter des Traums wird in dem zuletzt erstellten Satz deutlich. Die Wünsche oder Es-Impulse, die in einem Traum in Szene gesetzt werden, rechnet man zu den latenten Traumgedanken; diese leiten den Traum ein, phantasieren ihre Befriedigung und verlieren durch ihre partielle Entladung im Traum die Kraft, den Schlafenden aufzuwecken. Zu den latenten Traumgedanken zählen auch nächtliche Sinnesreize wie Schmerzen oder im Schlaf wahrgenommene Geräusche und auch aktuelle Vorstellungen wie Sorgen oder Vorfreude, die mit dem Begriff Tagesrest bezeichnet werden. Während Sinnesreize in diesem Traum keine Rolle spielen, ist der Tagesrest wohl in einer dem Traum vorangegangenen Sitzung mit dem

---

durch sprachliche Überlegungen aufgedeckt werden kann, für die Schule ausgewählt. Eine ausführliche Interpretation des Traums in Erikson (1974, S. 82 ff.).

Analytiker zu vermuten: Die Patientin überträgt nicht nur ihre Triebimpulse, sondern auch den durchaus bewußtseinsfähigen Genesungswunsch auf den Analytiker, den sie als „therapeutischen Heiland“ überschätzt. Der Traum, so wie ihn die junge Frau während des Schlafs erlebte und später schilderte, wird als manifester Traum bezeichnet. Die Überführung der unbewußten, latenten Traumgedanken in den manifesten Traum geschieht durch die Mechanismen der Traumarbeit. Dabei werden die Inhalte des Traums den Operationen des Primärvorgangs, dem archaischen, unbewußten Denken des Es im Gegensatz zum diskursiven, logischen Denken (Sekundärvorgang) des reifen Ich, unterworfen: vor allem Verdichtung (Verschmelzen verschiedener Bilder in eins), Verschiebung (nebensächliches Detail des Traums wird mit umfassender Bedeutung aufgeladen) und Verbildlichung. Bei unserem Beispiel werden die Bedeutungsgehalte verschiedener Wörter in einer Wortneubildung zusammengezogen. Durch diese Verdichtung wirkt der manifeste Traum wie eine abgekürzte, lakonische Übersetzung des latenten Traumgedankens. – Die aus der Verdrängung wirkenden Impulse strömen im Schlafzustand in das Bewußtsein ein, werden jedoch von der Zensurtätigkeit des Ich abgewehrt. Der Primärvorgang tritt dabei in den Dienst der Zensur und verzerrt den Traum bis zur Unkenntlichkeit.
Die junge Frau sieht in ihrem Traum nicht die Verwirklichung eines Wunsches, sondern steht ihm wie einem Bilderrätsel gegenüber, das sie nur mit Hilfe des Analytikers und der Assoziationsmethode aufzulösen vermag. Hat der Traum die Zensur passiert, wird er nachträglich den Anforderungen des Ich nach Verständlichkeit und Logik angeglichen (sekundäre Bearbeitung). Der Traum zeigt eine Kompromißbildung. Einerseits streben verdrängte Inhalte des Es in der Phantasie nach Wunscherfüllung, andererseits werden sie vom Ich nur in entstellter oder bestrafter Form zugelassen.

Die latente Bedeutung des Beispieltraums wurde innerhalb einer therapeutischen Situation und mittels der Assoziationsmethode aufgedeckt. Psychoanalytische Aussagen über einen Menschen besitzen nur dann Geltung, wenn sie innerhalb der Beziehung von Analytiker und Patient verifiziert worden sind. Dies geschieht im Wechselspiel von Übertragung und Gegenübertragung. Damit ist ein therapeutisches Konzept umschrieben, in dem ein Patient die in frühen Lebensjahren erworbenen Beziehungsformen und emotionalen Reaktionsweisen aktualisiert und auf den Analytiker überträgt. Während der Therapeut seine Deutungen an den ihm entgegengebrachten Gefühlen mißt und korrigiert, tragen alle Aussagen der Psychoanalyse abseits dieses klassischen Settings das Problem in sich, wie sie bewahrheitet werden sollen. Die psychoanalytische Literaturbetrachtung erhebt zwar die Traumtheorie zum Modell für psychoanalytische Literaturdeutungen, muß aber dabei andererseits auf die herkömmlichen Verfahren zur Überprüfung verzichten. Mit allen anderen Methoden der Literaturwissenschaft teilt die psychoanalytische Literaturbetrachtung damit – je nach Sichtweise – das Manko oder den Vorzug, in hermeneutischen Konstruktionen Plausibilität und Glaubwürdigkeit erreichen zu müssen. Auch Schülern läßt sich diese Schwierigkeit vermitteln, indem man ihnen von Kafka aufgezeichnete Träume aus seinen Tagebüchern vorlegt.[13] Diese Träume sind nach strengen psychoanalytischen Gesichtspunkten nicht zu deuten.
Kehren wir nochmals zu unserem Traumbeispiel zurück. Die Lähmungserscheinungen und Angstzustände, die ihm vorangingen, waren als Reaktion des Über-Ich auf Es-Impulse geeignet, die Strukturhypothese der Psychoanalyse anzusprechen.

(13) Z. B. Zwei Träume am 19./20. April 1916. Kafka (1975, S. 306).

Freud hat zwei Modelle des psychischen Apparats entwickelt. Das „erste topische Modell" unterscheidet zwischen den Systemen des Unbewußten (Ubw), des Vorbewußten (Vbw) und des Bewußten (Bw); das zweite Modell (Strukturhypothese) zwischen den Instanzen Es, Ich und Über-Ich. Das Es, aus den angeborenen, psychischen Repräsentanzen der Triebe und aus verdrängten und erworbenen Inhalten bestehend, treibt den psychischen Apparat zur Tätigkeit an. Dem Ich fällt die Rolle eines Mittlers zwischen den Instanzen und den Anforderungen der Außenwelt zu. Das Über-Ich bezeichnet einen verinnerlichten Teil der Psyche, der die Forderungen und Normen der Kultur repräsentiert, die zum ersten Mal in Ge- und Verboten der Eltern dem Kind gegenübertreten. Die Funktionen des Ich-Ideals, des Gewissens und der Selbstbeobachtung werden dieser Instanz zugeteilt.

Bei der Darstellung dieses Modells wurde versucht, das theoretische Modell in das Lebensumfeld der Schüler zurückzuholen, indem es durch die Erfahrung, die wir alle mit Werbung machen, beschrieben wurde. In einer aktuellen Illustrierten lassen sich leicht drei Typen von Werbung unterscheiden: Ein hoher Informationsgehalt spricht unser Denkvermögen an; Werbung, die mit Angst oder Druck arbeitet oder uns an anerkannte Wertvorstellungen erinnert, appelliert an unser Gewissen; und Werbung schließlich, die ihre Produkte wie zum Zugreifen abbildet, trägt unseren Triebbedürfnissen Rechnung. Damit korrespondieren diese Werbungstypen mit den drei Instanzen des psychischen Modells und bauen eine Vorstellung von ihm auf.

TA			
aktuelle Werbebeispiele nach Wahl	Informationen; Nutzen, Vorzug eines Produkts ⇓	Aufruf zu Spenden, Angstappelle ⇓	Befriedigungsmöglichkeiten: duftende Kaffeetasse, Genuß beim Rauchen; Pin-up girls; Produkte wie zum Zugreifen ⇓
Funktion	Überlegung, Kontrolle ⇕	Einhaltung von Normen, Wertvorstellungen ⇕	Triebentlastung ⇕
INSTANZ	ICH	ÜBER-ICH	ES

Auf der Grundlage der in den letzten Stunden erarbeiteten psychoanalytischen Kenntnisse über die ödipale Phase, die Traumtheorie und die Strukturhypothese können die Schüler den Zusammenhang von Traum und Kunstwerk ansatzweise formulieren und auf das Ödipus-Drama und auf den ‚Struwwelpeter' übertragen: Der Kompromißcharakter des Traums zwischen Triebwunsch (Es) und der Abwehr dieses Wunsches (Über-Ich) findet sich in analoger Weise in der Ödipus-Fabel, die durch Inzestwunsch und Verdrängung und Verhüllung dieses Wunsches (Unkenntnis der Eltern) gekennzeichnet ist. In der psychoanalytischen Interpretation des ‚Wilden Jäger' war zuvor jene Situation konstruiert worden, die Freud für die Interpretation des ‚Ödipus‘ von Sophokles fruchtbar macht: eine überzeitliche, mächtige Wirkung, die im Falle des Dramas nicht durch dessen „theologisierende Absicht“ (Freud) erklärt, im Falle des ‚Struwwelpeter‘ nicht allein durch die herkömmlichen Interpretationsverfahren erschlossen werden konnte, die vielmehr erst durch die Annahme unbewußter Gehalte eine Erklärung findet. Dieser unbewußte Gehalt besteht auch im ‚Wilden Jäger‘ im Angriff auf den Vater und in der noch gefährlicheren Phantasie von der Vereinigung mit der Mutter. Dieser Kern wird jedoch durch symbolhafte Darstellung, durch Entrücken der Geschichte ins Märchenhafte und eine Verschiebung der Schuld auf den kleineren der beiden Hasen unkenntlich gemacht und verhüllt.

3. Erarbeitung literaturpsychologischer Kenntnisse

Freuds Arbeit ‚Der Dichter und das Phantasieren‘ leitete das zweite Stadium psychoanalytischer Literaturbetrachtung ein, in der die Psychoanalyse mehr als nur ein Demonstrationsobjekt ihrer Erkenntnisse erblickte. Freud versucht, die Frage zu beantworten, „woher diese merkwürdige Persönlichkeit, der Dichter, seine Stoffe nimmt [. . .] und wie er es zustande bringt, um mit ihnen so zu ergreifen“[14]. Die Fragen nach dichterischer Stoffwahl und literarischer Wirkung sind nur scheinbar getrennt. Die Art der Stoffe und ihre besondere Formung sind zugleich Voraussetzung ihrer Wirkung: Kunstproduktion und -rezeption dienen der Phantasiebefriedigung. Die dichterische Phantasie wird aus dem unbewußten Gehalt der Tagträume, die dem Jugendlichen und Erwachsenen das kindliche Spielen ersetzen, hergeleitet. Daraus folgt, daß die Schöpfungen der Dichter sich nach dem am Modell des Traums erkannten Gesetzen studieren lassen. Die ästhetische Form wird als eine Bearbeitung und Verhüllung unbewußter Wunschvorstellungen gekennzeichnet, die sie über den individuellen Rahmen der egozentrischen, asozialen Tagträume hinaushebt und kommunizierbar macht. Zu diesen Überlegungen tritt noch das Konzept der „Vorlust“ hinzu: Der Dichter bietet uns durch Formschönheit eine rein formale, ästhetische Lust als Vorlust, die erst die Entbindung größerer Lust aus tieferen Quellen ermöglicht. Der Dichter wird keineswegs mit dem Neurotiker auf eine Stufe gestellt, da die dichterische Phantasie aus dem Spielen des Kindes und den Tagträumen hergeleitet wird. Das spielende Kind wie der Dichter können mit dem Verstand zwischen Phantasie und Realität unterscheiden. Ihre Phantasien sind „überbesetzt“ – man betrachte den Ernst im kindlichen Spiel – so daß die aus der Vorstellung bezogene Lust über die reale Unlust die Oberhand gewinnt. Der Schriftsteller hat damit im Gegensatz zum wahnhaften Psychotiker die Funktion der „Realitätsprüfung“ nicht aufgegeben.[15] Am Text sollten die Schüler die Herleitung der literari-

(14) Freud (1969, S. 171).
(15) Kris (1977) beschrieb die künstlerische Produktionstätigkeit als eine „Regression im Dienste des Ich“. Die Beziehung zwischen Ich und Es weist eine Umkehrung des von der Traumarbeit und pathologischen Seelenzuständen bekannten Verhältnisse auf: Der Künstler läßt sich auf seine unbewußten Vorstellungen ein, wahrt jedoch durch eine ungleich größere Ichtätigkeit die Kontrolle über den Primärvorgang, so daß er nicht wie der Geisteskranke von seinen Regressionen überwältigt wird.

schen Erfindung aus der psychischen Reihe Spielen/Tagtraum/Traum mitvollziehen, die Phantasietätigkeit als gemeinsamen Nenner von Dichtung und Traum erkennen und trotz aller verwandten Züge die Differenz zwischen Traum und Dichtung und den Unterschied zwischen Dichter und Psychotiker festhalten. Der Text wurde in Gruppenarbeit durch folgende Fragen aufgeschlossen: (1) Welche Fragen, die den Dichter betreffen, möchte Freud annäherungsweise beantworten? (2) Welche Tätigkeiten und Verhaltensweisen sind dem Dichten verwandt? (3) Welche Merkmale weist nach Freud das Phantasieren auf? (4) Worin unterscheidet sich der Dichter vom Psychotiker? (5) Worauf beruht die Wirkung von Literatur? – Die Auswertung der Antworten ergab das folgende Tafelbild:

I *dichterische Stoffwahl*

Psychische Reihe: { Spielen / Tagtraum / Traum / literarische Erfindung } Phantasietätigkeit analog Traum:
[– aktuelles Erlebnis
– frühkindliches, ubw Erlebnis]

II *dichterische Wirkung*

- Verhüllung egoistischer Phantasien
- Anlehnung der Phantasie an die Wirklichkeit
- „Vorlust"

→ Möglichkeiten zur Identifizierung

Freuds Arbeit beschreibt Mechanismen, die Bestandteil des alltäglichen Umgangs mit fiktionalen Erzeugnissen sind; dies gilt es dem Schüler bewußt zu machen. Wir als Leser identifizieren uns – dies gilt ebenso für den schreibenden Autor – mit einem Helden, der die Schwierigkeiten des Lebens unbeschadet meistert und ungestillte Sehnsüchte erfüllt. Auch das Konzept der Vorlust gewinnt an Klarheit, wenn man sich über die ungleich größere Wahrnehmung und Erfahrung eines Theaterstücks oder einer Kinovorstellung gegenüber der des Fernsehens oder privater Lektüre Gedanken macht. Durch die etwa im Theater gebotene „festliche" Atmosphäre genießen die Besucher das Gefühl, von der Realität entfernt zu sein. Erst unter dem Schutz der ästhetischen Illusion können die im Werk, Stück oder Film geschilderten Phantasien angstfrei und mit größerer Intensität als in der Realität genossen werden. Die Lektüre eines Zeitungsartikels von Wellershoff (1975)[16] ‚Wie ein Gedicht entsteht' bot die Chance, die von Freud geäußerten Überlegungen an den Aussagen eines Schriftstellers über die Entstehung eines seiner Werke am konkreten Fall nachzuprüfen. Als Feuilletonartikel macht dieser Text auch deutlich, wie wichtig es sein kann, auf dem Gebiet der Literaturpsychologie Grundkenntnisse zu besitzen. Die Lektüre solcher Texte nähert die Schüler einem weiteren Ziel des Deutschunterrichts, nämlich Voraussetzungen für eine Teilnahme am literarischen Leben der Gegenwart zu erwerben.

Während im geschilderten Beispieltraum eine junge Frau nach dem Betrachten eines Bildes der Wiederkehr des Verdrängten mit neurotischen Symptomen begegnet,

(16) Siehe Anhang.

reagiert der Schriftsteller, nachdem ihn Bilder des surrealistischen Malers Escher beeinflußt haben, mit dem Schreiben eines Gedichts über den Tod. Das Bild, das ihm als Vorlage für das Gedicht diente, hatte der Schriftsteller zwischendurch vergessen. Wie aber auch im Traum unbewußte Gedanken sich der Tagesreste und analoger Vorstellungen bedienen, so war dieses Bild geeignet, der verdrängten Vorstellung vom unaufhörlich nahenden Tod Ausdruck zu geben.
Wellershoffs Eigenbeobachtungen zur Kreativität decken sich mit den hier bisher geäußerten literaturpsychologischen Gedanken. Er betont, daß er sich unbewußten Vorstellungen überlassen habe; sein Gedicht sei nicht „gemacht", sondern habe sich eingestellt. Wellershoffs Gedicht verdankt sich daher dem Prozeß der Intuition, einem unverhofften Entstehen von Bildern und Vorstellungen, wenn die Grenzen zwischen Bewußtem und Unbewußtem fließend sind. Wie bei einem Traum sind die ins Bewußtsein eingetretenen Vorstellungen nicht vollkommen verständlich. Der Autor verhält sich im Moment des Schreibens wie auch später in seinem Artikel deutend zu seinem Gedicht; er versucht, seiner Intuition auf die Spur zu kommen.

4. Übertragung literaturpsychologischer Kenntnisse auf einen literarischen Text

Zum Abschluß der Einheit wird es sich anbieten, umfangreichere literarische Werke, die den Schülern vom Unterricht her schon bekannt sind, oder kürzere Texte psychoanalytisch zu untersuchen.[17] Meine Wahl fiel auf die im Umfang kurze ‚Rede des toten Christus vom Weltgebäude herab, daß kein Gott sei' von Jean Paul.[18] Auch in diesem Text ist inhaltlich, aber auch im formalen Aufbau ein ödipales Muster wirksam, das Pietzcker (1976) in einer psychoanalytischen Deutung nachgewiesen hat. Seine Interpretation der ‚Rede .....' hat einführenden Charakter, so daß Auszüge den Schülern zur Bearbeitung vorgelegt wurden. Einigen Schülern fiel auf, daß wir eine Reihe von Texten psychologisch interpretiert hatten, die alle den Ödipuskomplex zur Grundlage hatten, aber den Rang der besprochenen Literatur unberücksichtigt ließen. Diese Überlegung gab Gelegenheit, den Unterschied zwischen Traum und Dichtung festzuhalten: die größere Ichtätigkeit des Dichters gegenüber dem Träumer; sein Vermögen, seine Konflikte in die Außenwelt zu projizieren und in der Realität zu strukturieren. Die ästhetische Qualität und die gesellschaftliche Bedeutung des einzelnen Werks ist abhängig von dem Ausmaß an sekundärer Bearbeitung, die der Dichter an seinen eigenen Phantasien zu leisten vermag.

Eine moderne psychoanalytische Interpretation beschränkt sich nicht damit, in methodisch bedenklicher Form unbewußte Symbole aus dem Text herauszulösen. Sie entdeckt nicht nur unbewußte Vorstellungen des Dichters, die in den Text eingegangen sind, denen gegenüber ideen-, sozial- und literaturgeschichtliche Aspekte vernachlässigt werden, sondern zeigt gerade

(17) Peter von Matt (1972) bietet mit der Interpretation des ‚Wilhelm Tell' eine Einführung in die psychoanalytische Literaturbetrachtung, und Beutin (1974) analysiert unter psychoanalytischen Gesichtspunkten in einem kürzeren Beitrag Werke des Literaturkanons.
(18) Jean Paul (1979, S. 242 ff.).

den unbewußten Zusammenhang des ganzen Textes auf, der bis hin zu der Identifizierung des Autors mit philosophischen Haltungen und der Wahl oder Modifizierung traditioneller, literarischer Muster wirksam ist.

Sofern der Deutschlehrer selbst mit der Klasse die „Psychoanalyse" eines Textes anstrebt, muß er sich entscheiden, welchen Ansatz er wählt. Von der psychoanalytischen Literaturbetrachtung, die mit spezifisch psychoanalytischen Mitteln versucht, sinnvolle, zugleich das Eigenverständnis des Dichters übersteigende Literaturinterpretationen zu liefern, ist eine Literaturuntersuchung abzugrenzen, die einem bereits der Psychoanalyse verpflichteten Text nachgeht. Im letzten Falle wird der Dichter als Subjekt der Psychologie betrachtet, der – wie etwa in der Kurzgeschichte von O'Connor – Elemente und Motive der Psychoanalyse bewußt verwendet. In der psychoanalytischen Literaturbetrachtung, wie sie hier vertreten wird, ist der Dichter Objekt der Psychologie, insofern versucht wird, die Dichtung auf die psychischen Entstehungsbedingungen in der Person des Autors zurückzuführen.

Literatur

Beutin, Wolfgang: Zur Rolle der Psychoanalyse bei der Literaturuntersuchung. Studien – Seminarberichte aus dem IPTS [Landesinstitut Schleswig-Holstein für Praxis und Theorie der Schule], H. 17 (1974), S. 2 ff.

Brenner, Charles: Grundzüge der Psychoanalyse. S. Fischer Verlag, Frankfurt/M. 61972.

Ellwanger, Wolfram: Zappelphilipp und der Wilde Jäger. Ein Beitrag zur Psychologie des ‚Struwwelpeter'. Psyche (1973), H. 7, S. 636–642.

Erikson, Erik H.: Das Traummuster der Psychoanalyse. In: Scheidt, Jürgen vom (ed.): Der unbekannte Freud. Kindler Verlag, München 1974.

Freud, Sigmund (1900): Die Traumdeutung. Freud-Studienausgabe Bd. II, S. Fischer Verlag, Frankfurt/M. 1972.

– (1908): Der Dichter und das Phantasieren. Studienausgabe Bd. X, Bildende Kunst und Literatur. Fischer, Frankfurt/M. 1969.

– (1916–17): Vorlesungen zur Einführung in die Psychoanalyse und neue Folge. Studienausgabe Bd. I, Fischer, Frankfurt/M. 1969.

Goeppert, Sebastian: Grundkurs Psychoanalyse. Reinbek bei Hamburg 1976.

Goette, Jürgen W.: Methoden der Literaturanalyse im 20. Jahrhundert. Reihe: Texte und Materialien zum Literaturunterricht. Diesterweg, Frankfurt/M. 1973.

Hansen, Hans-Sievert: Der Ödipuskomplex im Ödipus-Drama und in einigen anderen Dichtungen: Einführung in psychoanalytische Interpretationsmethoden in einer Obersekunda. Studien – Seminarberichte aus dem IPTS (1974), H. 17.

Jean Paul (1796): Rede des toten Christus vom Weltgebäude herab, daß kein Gott sei (aus dem 8. Kap. des Romans ‚Siebenkäs'). In: Ulshöfer: Arbeitsbuch Deutsch, Sekundarstufe II, Bd. 1 Sprache und Gesellschaft, S. 242 ff. Schroedel, Hannover 1979.

Kafka, Franz (1910–1923): Tagebücher. Fischer TB, Frankfurt/M. 1975.

Kaiser (1931): Franz Kafkas Inferno. Eine psychologische Deutung seiner Strafphantasie. In: Goette (1973).

Könneker, Marie-Luise: Dr. Heinrich Hoffmanns ‚Struwwelpeter'. Untersuchungen zur Entstehungs- und Funktionsgeschichte eines bürgerlichen Bilderbuches. Stuttgart 1977.

Kris, Ernst: Die ästhetische Illusion. Phänomene der Kunst in der Sicht der Psychoanalyse. Suhrkamp, Frankfurt/M. 1977.

Laplanche, J./Pontalis, J.-B.: Das Vokabular der Psychoanalyse. Suhrkamp, Frankfurt/M. 1973.

Marcus, Steven: Freud und Dora. Roman, Geschichte, Krankengeschichte. Psyche (1974), H. 1, S. 32–78.

Matt, Peter von: Literaturwissenschaft und Psychoanalyse. Eine Einführung. Freiburg im Breisgau 1972.

O'Connor, Frank: Mein Ödipus-Komplex. In: Und freitags Fisch. Sieben Geschichten von irischen Liebes- und Ehepaaren. dtv, München 1966. Auch in: Die schönsten Kurzgeschichten aus aller Welt, Bd. 2, S. 814 ff. Das Beste, [2]1976.

Pietzcker, Carl: Das Kunstwerk als Phantasie. Eine einführende Interpretation. Zeitschrift für Literaturwissenschaft und Linguistik (1976), H. 6, S. 45 ff.

Scherf, Walter: Vom Handwerk der Bilderbuchrezension. In: Baumgärtner, A. C. (ed): Aspekte der gemalten Welt, Weinheim 1968.

Schönau, Walter: Sigmund Freuds Prosa. Literarische Elemente seines Stils. Stuttgart 1968.

Anhang

(1) Text zum ‚Struwwelpeter'

„Jedes Kind hat Unarten und Neigungen, die es dem anderen und dadurch auch ihm selbst nicht immer leicht machen, die den Frieden, diese zutiefst erstrebte Seligkeit, stören. Und deshalb verlangt es das kleine Kind nach unsentimentaler Verhaltensbelehrung: Was geschieht, wenn ich das und das tue?... Noch ein Grad interessanter [...] ist das Bilderbuch, das den Unarten seiner Betrachter Projektionsfiguren anbietet. Man mag dem Struwwelpeter allerhand nachsagen und auch schwerstes tiefenpsychologisches Geschütz gegen einzelne seiner Geschichten auffahren – Tatsache bleibt, daß Heinrich Hoffmann etwa mit dem Hans-Guck-in-die-Luft, dem Suppenkaspar oder dem Zappelphilipp treffliche Figuren angeboten hat, auf die man nur allzu gerne die den Familienfrieden untergrabenden Unarten werfen und dann vergnügt aus eigener Sicherheit beobachten kann, was daraus wird..."

Scherf (1968, S. 143/144) [zitiert nach: Hunscha, Christa: Struwwelpeter und Krümelmonster. Die Darstellung der Wirklichkeit in Kinderbüchern und Kinderfernsehen. Fischer TB, Frankfurt/M. 1974, S. 120/121].

(2) Dieter Wellershoff: Träumerischer Grenzverkehr. Über die Entstehung eines Gedichtes

Ein Gedicht wird gemacht, ein Gedicht stellt sich ein: Beides ist wahr. Daß es gemacht wird, daß man es bis zu einem gewissen Grade lernen kann, ein Gedicht zu machen, das war allen Epochen, die eine ars poetica hatten, selbstverständlich, und ist von Edgar Allan Poe für die Moderne gegen die romantische Inspirationslehre wiederentdeckt worden. Aber sein Beharren auf dem rationalen Kalkül, seine Forderung, in einem Gedicht solle sich nichts dem Zufall oder der Intuition verdanken, es solle vielmehr „Schritt für Schritt bis zum Abschluß mit der Präzision und ungebrochenen Folgerichtigkeit einer mathematischen Berechnung" entstehen, hat Züge einer zwanghaften Abwehrhaltung gegen unbeherrschte Impulse und Triebkräfte und spricht für deren beängstigende Macht. Poe fühlte sich so bedroht von seinen unbewußten Phantasien, daß er bemüht war, das

Schreiben einer totalen rationalen Kontrolle zu unterwerfen, das heißt, sich und anderen einzureden, es sei so, denn tatsächlich ist ja sein Werk der unübersehbare Ausdruck seiner Zwangsvorstellungen oder jedenfalls seines Kampfes gegen die dunklen exterritorialen Bereiche seiner Person, die ihn immer wieder zu überschwemmen drohten. Auch gegenwärtig ist es aktuell und opportun, vom Machen und von der Machbarkeit des Gedichtes zu reden. Das entspricht technokratischem Denken, und vielleicht spielt auch eine demokratische Schamhaftigkeit hinein: Man will den Verdacht abwehren, das Schreiben von Gedichten und der Umgang mit Gedichten könnte etwas Exklusives sein. Rationalität steht auch hier für gesellschaftliche Kontrolle und Honorigkeit.

Solche Ängste führen zu einer falschen Vorstellung vom Schreiben. Indem man die technischen, rationalen Momente überbetont und die unbewußten Anteile verleugnet, kürzt man dem kreativen Prozeß seine Dynamik weg und kann nicht mehr verständlich machen, wieso überhaupt etwas Bestimmtes entsteht und wie Neues zustande kommt. Wenn alles nach Plan geschieht, dann hat man auch schon alles vorher gewußt und bleibt in den Grenzen seines Bewußtseins eingesperrt. Allenfalls kann der methodisch eingesetzte Zufall etwas Neues hervorbringen. Doch dieses mechanisch hervorgebrachte Neue kann völlig belanglos sein. Alle diese methodisch erzeugten Varianten verschwinden in der Langeweile der schlechten Unendlichkeit, in der die Unterschiede sich gleichen wie ein Ei dem anderen. Es ist nicht das Aufblitzen eines neuen Sinns.

Anfangen heißt wählen und zunächst repräsentiert sich der Widerstand dagegen als leeres weißes Papier. Man kann noch alles darauf schreiben, alles Mögliche, und das bedeutet, man hat noch nichts zu sagen. Wie diese Beliebigkeit überwinden, wie einen Anfang machen? Ich glaube, daß die Wahl schon getroffen ist, bevor man es weiß. Es fängt an, nicht ich fange an. Ich komme dann erst dazu und nehme den Vorgang in meine Regie.

Ich will jetzt nur von mir sprechen, von meiner Erfahrung mit dem Schreiben von Gedichten. Fast immer ist eine Vorgabe da, die nicht aus dem Nachdenken kommt, sondern sich einstellt, so daß ich sagen kann, das Gedicht beginnt von selbst. Was zuerst da ist, braucht nicht die erste Zeile zu werden, nicht einmal ein unveränderlicher Bestandteil des späteren Gedichtes, sondern muß nur offene Anschlußmöglichkeiten haben, Lücken, unbesetzte Wertigkeiten, damit es andere Vorstellungen und andere Wortverbindungen zu seiner Verstärkung und Verdeutlichung herbeiruft. Mitten in dem dauernden halbbewußten Gedankenstrom, dem inneren Reden das immer, fast unbemerkt abläuft, wenn man sich nicht gerade auf etwas konzentriert oder aber traumlos schläft, in diesen vagen Zwischenzuständen des Bewußtseinslebens kann eine solche widerständige Einzelheit auftauchen, ein fragmentarischer Satz, eine Vorstellung, die nicht sofort wieder erlischt. Sie hat vielleicht den Charakter eines Rätsels, sie ist anwesend und abwesend, nicht ganz einlösbar, nicht ganz zu sich selbst gekommen, doch schon deutlich genug, um zu erkennen zu geben, daß etwas darin steckt, was man wissen will, was einen angeht in einem noch nicht geklärten Sinn.

„Der Tod ist eine Ameise unterwegs in einem finsteren Treppenhaus."

Das ist ein solcher Satz, der zum Initialreiz werden kann und bei mir auch zum ersten Satz eines Gedichtes geworden ist. Es war ein befremdlicher Einfall, der zwar aus mir selber kam, aber noch nicht zu mir gehörte. Ich mußte mir dieses Motiv meiner spontanen Phantasie erst aneignen. Das geschah durch das Schreiben des Gedichtes. Es war der Versuch, die in der ersten Vorstellung eingeschlossene Erfahrung zu entfalten.

Der Tod ist eine Ameise
unterwegs in einem finsteren Treppenhaus –
warum muß ich diesen Satz denken?
Er ist unterwegs und es ist dunkel
und wahrscheinlich schläfst du
aber er kann die Stufen erklettern
riesige Steilwände weite Plateaus
überquert er.

Er ist unterwegs er hat Zeit
eine Ameise
in der Dunkelheit blind
und tief in deinem Schlaf
ist eine kleine Bewegung
fremd wie deine eigene Stimme
die hallo ruft hallo
in einem finsteren Treppenhaus.
Doch der Tod ist nur eine Ameise
blind an einer riesigen Steilwand.

Das Gedicht ist kein Klartext. Es erläutert das Phantasiebild nicht, sondern führt es nur aus. Vielleicht kann man sagen, daß es eine Verwandtschaft mit einem Traumprotokoll hat: Es notiert, ohne ihn zu deuten, einen Traum von der allmählichen Annäherung des Todes, seiner Fremdheit, Ungreifbarkeit, Lautlosigkeit, Stetigkeit, die alle Widerstände und Entfernungen überwinden wird. Irgendwann wird er ankommen, auch wenn er jetzt noch klein ist, weit entfernt und blind. Gerade das macht ihn unangreifbar und unverständlich. Die Dunkelheit, in der er unterwegs ist, schützt nicht, sondern ist bedrohlich wie sein vorausfallender Schatten, weil sie ihn verbirgt.

Eine solche Interpretation ist eine Übersetzung des Gedichtes, die es zugleich auflöst. Sie zerstört seine sinnliche Besonderheit, zapft die in ihm aufgestauten Bedeutungen auf allgemeinverständliche Begriffe wie auf etikettierte Flaschen ab. Die Sprache dieser Metaebene verhält sich gegenüber dem Gedicht parasitär. Selbst erfahrungslos, lebt sie nur von den Echos der Primärerfahrung, die im Gedicht erschienen ist.

Allerdings ist es nicht sinnlos, dem Gedicht einen solchen Echoraum zu schaffen, in dem es nachhallt, in dem man ihm nachhört, es überprüft, besser kennenlernt und freilich auch damit wieder verabschiedet. Denn seine Verfügbarmachung ist seine Verabschiedung. Sein Zauber wirkt nur, solange es Widerstand leistet und sich nicht restlos einbringen läßt in Verständlichkeit. Das spontane Verstehen ist noch vorbegrifflich, ein Haben und Nichthaben, eine Evidenz, in der Sinnlichkeit, Emotionalität und Intellekt noch miteinander verschmolzen sind. Man weiß es, ohne es anders sagen zu können, wie in einem Traum, den man träumt, ohne erwachen zu können. Das Verstehen ist ohne Distanz, man kann nichts austauschen, es ist alles einmalig und unabweisbar da. Vielleicht weiß man, es ist eine Kulissenwelt, mit dem seltsamen Flair von Falschheit, Lüge und Täuschung, man rückt an ihr herum, aber man kommt nicht aus ihr heraus. Sie hat immer nur sich selbst mitzuteilen, es gibt keine zweite Sprache für diese Mitteilung, das macht ihre Dringlichkeit aus, ihre Fremdheit und Präsenz. So ist es auch mit dem Gedicht. Die einmalige Erfahrung, die sich mit ihm hervorbrachte, existiert nur in der Gestalt des Gedichtes selber.

Das ist oft gesagt worden. Das meinte zum Beispiel auch Mallarmé, wenn er in einem Brief schreibt: „Der Sinn – wenn das Gedicht überhaupt einen hat – wird durch eine innere Spiegelung der Worte selber heraufbeschworen."

Die besondere, unerwartete Zusammenstellung der einzelnen Worte, Wortgruppen, Bedeutungshöfe läßt zwischen ihnen ein problematisches Feld entstehen: Tod – Ameise – finsteres Treppenhaus, das rückt im alltäglichen Reden nie zusammen, ist noch nicht auf vertraute Weise miteinander vermittelt, die Beziehungen müssen erst gefunden werden. Es sind leere Räume dazwischen, die der Leser, der Zuhörer mit seinen Phantasien auffüllt. Was bedeuten ihm Tod und Ameise? Wie beleuchten sich die Worte gegenseitig, wie färben sie sich ein, wenn sie in Berührung geraten? Ist es vielleicht das Unermüdbare, Vernunftlose, fremdartig Bedrohliche, das das Wort „Ameise" im Vorstellungkomplex „Tod" aufruft? Die Ameise, als die der Tod hier erscheint, ist aus ihrer natürlichen Welt herausgerissen. Sie ist unterwegs in einem finsteren Treppenhaus, denn offenbar hat sie ein Ziel. Wenn sie an so ungewohntem Ort auftritt, muß man überall mit ihr rechnen. Sie ist das erwartete Unerwartbare, das eines Tages da sein wird, der Tod. Noch trennen uns riesige Dimensionen von ihm, aber ebenso gewaltig ist die Anstrengung, mit der er sie überwindet „aber er kann die Stufen erklettern / riesige Steilwände weite Plateaus / überquert er.“ Während man selbst wehrlos ist – „und wahrscheinlich schläfst du“ – ist er unermüdlich unterwegs. Die Zeit arbeitet für ihn, er ist die Zeit, die dauernde kleine Veränderung, das pausenlose, lautlose, unausweichliche Näherkommen.

Doch auch der Raum des Treppenhauses, die Steilwände und Plateaus, die die Ameise überwinden muß, repräsentieren Zeit. Wie in der Traumlogik überlagern sich die Bilder und müssen in dieser Überschichtung gelesen werden. Hier also der riesige, doch unbestimmte Abstand und eine unermüdliche Annäherung, die den Schutz der Entfernung allmählich zunichte macht, und umgekehrt, beängstigendes Näherkommen der Gefahr und die Vorstellung eines noch immer riesigen Abstandes, der einen vor ihr schützt – aus dieser widersprüchlichen Empfindung entsteht der Schwebezustand des Gedichtes. Das erinnert mich an Freuds These, daß der Traum der „Retter des Schlafes“ sei. Die Beunruhigung ist da, aber die Traumlogik fängt sie in einem Bild auf. Die Gefahr ist nur ein kleines Tier, das sich nähert, und es ist noch weit entfernt. Doch diese Beruhigung verfängt nicht, dringt nicht durch, denn die Gefahr ist fremdartig, zäh, ungreifbar, unsichtbar und seltsamerweise blind. In diesem Wort scheint wieder der Doppelsinn von Beruhigung und Beunruhigung enthalten zu sein. Denn einerseits bedeutet es eine nicht unerhebliche Schwierigkeit für die Ameise, daß sie blind ist, andererseits aber – und das ist für mein Gefühl die durchschlagende Bedeutung – heißt es, daß sie ihr Opfer sucht und ihre Aufgabe erfüllt wie das blinde Schicksal und die blinde Gerechtigkeit: ohne Ansehen der Person.

Gerade darin, daß das Tier blind ist, steckt der Schrecken. Seine Blindheit macht die Wirkung der Dunkelheit zunichte, überbietet sie und hebt sie auf. Doch die Dunkelheit ist auch ein Zeugnis für die Blindheit des Schläfers, der in sich hineinblickt und die Gefahr nicht sehen kann, sie nur spürt. „und tief in deinem Schlaf / ist eine kleine Bewegung / fremd wie deine eigene Stimme / die hallo ruft hallo / in einem finsteren Treppenhaus.“ Die Gefahr kommt von innen, sie nähert sich aus den Tiefen der sich selbst verdunkelten Person, die sich als dieser große dunkle Raum erfährt, als ein finsteres Treppenhaus, in dem das Untere nach oben steigt, unkontrollierbar und unaufhaltsam.

Man kennt diese Spaltungserlebnisse! Einerseits ist man eine Person, andererseits ein Gegenstand, man hat ein Bewußtsein von sich, aber das Ich ist ohnmächtig, ist gelähmt und es hört seine eigene Stimme und spürt seine eigene Unruhe in sich selbst als etwas Abgetrenntes, Anderes, das nicht zu ihm gehört und das Ich bedroht. Das sind typische Dissoziationserlebnisse während des Einschlafens oder kurz vor dem Erwachen. In diesen labilen Übergangsphasen ist die Person nicht integriert und einzelne Strebungen, Wahrnehmungen, Teile des eigenen Körpers können wie verselbständigte Gegenstände oder Wesen erscheinen, oder aber die ganze Person verliert ihre Identität proteusartig an alle möglichen fremden Gestalten.

Proust hat das zu Beginn der Recherche unvergeßlich geschildert. Das Kind ist über seiner Lektüre eingeschlafen, und das Lesen setzt sich verändert im Traum fort. „. . . im Schlafe hatte ich unaufhörlich über das Gelesene weiter nachgedacht, aber meine Überlegungen waren seltsame Wege gegangen; es kam mir so vor, als sei ich selbst, wovon das Buch handelte: eine Kirche, ein Quartett, die Rivalität zwischen Franz dem Ersten und Karl dem Fünften. Diese Vorstellung hielt zuweilen noch ein paar Sekunden nach dem Erwachen an; meine Vernunft nahm kaum Anstoß an ihr, aber sie lag wie Schuppen auf meinen Augen und hinderte mich daran, Klarheit darüber zu gewinnen, daß das Licht brannte. Dann wurde sie immer weniger greifbar, wie nach der Seelenwanderung die Gedanken einer früheren Existenz.“

Es ist interessant, daß Proust hier die Seelenwanderung als Analogie heranzieht. Denn wahrscheinlich ist ja die Vorstellung einer vom Körper ablösbaren und den Tod überdauernden Seele entstanden aus solchen Zuständen der Dissoziation im Halbschlaf und

im Traum, in denen man sich verwandelt zwischen fremden Dingen und Personen zu bewegen glaubte und sich mit einer schattenhaften, fremden Welt vermischte oder sogar die Spaltung erlebte, wissend, man schlief, während man zugleich schwebte, lief, kletterte, stürzte oder gefesselt war.
Auch das Gedicht entspricht diesem anderen Zustand, erzeugt eine andere Welt, die aus bekannten Elementen gebaut ist (Ameise, Treppenhaus, Dunkelheit, rufende Stimme), aber zugleich tief unvertraut und beängstigend erscheint, weil nichts wie gewohnt zusammengehört und die einzelnen Elemente unfeste, mehrdeutige Verbindungen miteinander eingehen. Das finstere Treppenhaus ist das verdunkelte Innere der Person, doch zugleich ein Hochgebirge mit riesigen Steilwänden und weiten Plateaus. An dieser Stelle scheint mir das Bild noch eine andere Bedeutung zu zeigen. Das dunkle Gebirge mit seinen klobigen, stummen Widerständen wird selber zu einer unheimlichen Todeslandschaft und das kleine Tier, das blind darin unterwegs ist, repräsentiert einen Rest von Leben, freilich einen verstümmelten, entfremdeten, vermummten Rest. Die eigene Stimme, die fremd im Treppenhaus klingt, ruft hallo hallo, als wolle sie das fremdartige Wesen veranlassen, seine Fremdheit aufzugeben und zu antworten. Denn in dem imaginären Szenarium ist sicher auch die Ameise als das ichfernste und bedrohlichste Motiv ein abgesprengter Teil der Person,

eine isolierte, verleugnete Strebung. Aber ich muß zugeben, daß ich es nicht deuten kann. Ich habe das Gedicht im Herbst 1973 in England geschrieben. Ich wohnte in einer Kleinstadt in einem möblierten Zimmer, an den Wochenenden und vielen Abenden auf mich selbst zurückgedrängt. Bei einem Ausflug nach Oxford hatte ich in einem Buchladen einen Bildband gekauft: ‚The Graphic Work of M. C. Escher.'

Ich kannte diesen holländischen Surrealisten noch nicht und war tief beeindruckt von seinen optischen Experimenten mit dem Raum, seinen widersprüchlichen Perspektiven, seinen Verzerrungen und dem verblüffenden Gestaltwandel, den er immer wieder durchspielte. Eines der Bilder zeigt ein Treppenhaus aus ineinandergeschachtelten, umkippenden Perspektiven, in dem viele kleine Gliedertiere in wechselnden Richtungen unterwegs waren. Sie hatten Knopfaugen, drei kleine menschliche Beinpaare, einen gegliederten Rumpf und sie konnten sich zusammenrollen und wie ein Rad fortbewegen. Krempeltierchen nannte Escher seine Geschöpfe. Für mich waren es insektenhafte kleine Tiere zwischen Raupe und Ameise.

Sicher war das Bild eine Anregung für das einige Tage später fast in einem Zug geschriebene Gedicht. Doch hatte ich es zwischendurch vergessen. Es stand jedenfalls nicht im Vordergrund meines Bewußtseins, und in dem Bildband, den ich mir gekauft hatte, gab es einige Bilder, die mich noch mehr fasziniert hatten als dieses Bild von den Krempeltierchen im Treppenhaus, das eher komisch wirkte und nur unheimlich erschien, weil die ganze labyrinthische Architektur vom Gewimmel der kleinen Tiere erfüllt war. Als mir dann Tage später plötzlich der erste Satz des Gedichtes durch den Kopf ging, hatte sich einiges geändert: Die vielen Phantasietiere waren zu einer Ameise geworden, das Treppenhaus war finster, und es war kein kalkuliertes Labyrinth, sondern das große lichtlose Treppenhaus eines alten Mietshauses, das ich kannte, und vor allem waren Stufen und Tiere nicht wie auf Eschers Bild aufeinanderzugeschnitten, sondern es wurde ein wesentliches Moment des Gedichtes, daß die Ameise die für sie riesigen Dimensionen der menschlichen Welt überwinden muß, was ich oft als Kind beobachtet hatte, immer betroffen von der blinden Unermüdlichkeit der Insekten.

Das alles war anders als auf Eschers Bild. Die entscheidende neue Akzentuierung aber war, daß die wandernde Ameise die Bedeutung des näherkommenden Todes bekam. Es gab andere Bilder bei Escher, die für mich schon beim Betrachten eine Todesbedeutung gehabt hatten. So zum Beispiel das Bild ‚Andere Welt', das das Innere einer mausoleumartigen Architektur zeigte, in deren nach außen geöffneten Säulenstellungen Vögel mit menschenähnlichen Köpfen saßen. Dahinter waren jeweils in widersprüchlicher Perspektive der schwarze Nachthimmel mit Fixsternen und Spiralnebeln oder die Kraterlandschaft eines erloschenen Sternes zu sehen. Dies war für mich auf den ersten Blick ein Jenseitsbild, starr, eisig, dunkel und unveränderbar. Vielleicht hat sich das auf den ganzen Bildband übertragen und auch das andere Bild mit eingefärbt. Vielleicht war auch das schon mein besonderer voreingenommener Blick, die Projektion einer Lebensstimmung, die mich beherrschte. Ich war, wie gesagt, allein, hatte viel Zeit, und wenn die Verbindungen nach außen schwächer und seltener werden, wächst der innere Druck. Man kann nicht mehr über seine Probleme hinwegleben, und es gab damals einige wichtige ungelöste Fragen, und das bedeutete, daß die Zukunft dunkel war und sich ungewiß verengte. Ich dachte oft darüber nach, was ich künftig machen, wie ich leben wollte, und überlegte mir, wieviel Zeit ich allenfalls hatte, und es schien mir manchmal viel, manchmal wenig Zeit zu sein.

Aber ich hatte nicht vor, ein Gedicht über das Nahen des Todes zu schreiben, schon gar nicht dieses bestimmte Gedicht. Es war einfach plötzlich nahezu fertig da. Ich brauchte die sich fast selbst formulierende Vorstellungskette nur ein wenig zurechtzurücken und zu exponieren. Es war so, wie Hegel in der Einleitung zur ‚Phänomenologie des Bewußtseins' die „Entstehung des neuen Ge-

genstandes" beschreibt, „der dem Bewußtsein ohne zu wissen wie ihm geschieht, sich darbietet", eine Entstehung, die „für uns gleichsam hinter seinem Rücken" vor sich geht. Hegel charakterisiert hier einen Vorgang, der in der Sprache der Kreativitätsforschung als Inkubationsphase bezeichnet wird. Ohne Beteiligung des Ichs, „hinter dem Rücken" des Bewußtseins werden Eindrücke und Erinnerungen umstrukturiert und treten dann eines Tages als neuer Vorstellungszusammenhang, neuer Gedanke wieder ins Bewußtsein ein. Es ist so, als gäbe das Ich die Arbeit an sein Unterbewußtsein ab, verhielte sich passiv und warte ab, bis ihm die Lösung von dort zurückgegeben wird. Die bewußte Person weiß nicht, daß diese Arbeit im Gang ist, und so wird sie von den aufsteigenden neuen Vorstellungen immer überrascht. Aber sie muß bereit sein, sie zu erkennen, festzuhalten und auszuarbeiten.

Ich war eingestimmt, auf mich zu hören, und bereit, durch Schreiben auf innere Impulse zu reagieren, sonst hätte ich den unerwartet auftauchenden Gedanken „Der Tod ist eine Ameise unterwegs in einem finsteren Treppenhaus" als eine Flause abgewehrt. Das nämlich ist die normale Reaktion: Man unterdrückt die Impulse aus dem Unbewußten. Arbeit, Geselligkeit, Sport, Alkohol, Fernsehen, Zeitunglesen, Telefonieren, Reden – alles kann dieser Abwehr dienen. Man spürt eine vage Beunruhigung, eine Spannung, eine unerklärliche leise Angst, oder auch nur Langeweile und schon greift man zu seinen gewohnten Techniken und Betäubungsmitteln, die einem helfen, das Gleiten hinter dem Rücken nicht wahrzunehmen und die einmal definierte Lebenssituation zu bewahren, das Selbst- und Realitätsverständnis, in dem man sich sicher fühlt. Da war etwas, ein Anspruch an das Ich aus den verdeckten Bereichen der Person, aber man tut die Beunruhigung als kleine Störung oder Verstimmung ab: Das hat ja jeder mal, es war nichts. Je bedrohlicher der Druck des Unbewußten dem Ich erscheint, um so starrer wird die Abwehr, um so ängstlicher wird jede spontane Regung ritualistisch aufgefangen und kontrolliert, bis möglicherweise die Dämme brechen und das längst ausgehöhlte Ich in der Psychose untergeht.

Es muß also Möglichkeiten des Grenzverkehrs geben zwischen den Ichbereichen und dem Unbewußten, und neben dem Träumen, dem freien Phantasieren ist das Schreiben ein solcher Übergang. Da ich die Entstehung eines kurzen, homogenen Gedichtes beschrieben habe, dominiert in meiner Darstellung der unbewußte, spontane Vorgang. Das Gedicht ist die Niederschrift eines unerwartet aufsteigenden Phantasmas, dem erlaubt wird, sich zu entfalten, das Schreiben ist fast die Notierung eines Diktats. Bei einer Großform schieben sich dagegen Zäsuren der Kontrolle und der Korrektur in den Schreibvorgang ein. Die entstehende Form selber wird zu einer objektiven Forderung. Man muß ihre sich allmählich verdeutlichende Logik erfüllen. Der Vorstellungsfluß bricht sich dann an einem Widerstand und kann sich so mit der Form vermitteln, daß er später durch sie auch wieder hervorgerufen wird. Wenn er zu versiegen droht, kann er durch Umstellungen, Kürzungen, Erweiterungen, Wiederholungen, also durch ein Probierverhalten, das neue Aspekte des Textes freilegt, neue Anschlußmöglichkeiten schafft, wieder in Gang gebracht werden.

Aber auch in diesem Wechselspiel ist das Bewußtsein immer der Beschenkte. Die neu entstehende Erfahrung ist ihm voraus, und es muß sich in einer schwebenden Aufmerksamkeit dafür öffnen. Auch für seine Eingriffe, seine Korrekturen hat es kaum ein anderes Kriterium als ein Evidenzgefühl. Das ist eine vorbegriffliche Gewißheit, die sich einstellt, wenn durch einen Text, ein Kunstwerk, überhaupt durch eine Lebensäußerung die Wahrnehmung des Lebens erneuert wird. Man weiß in diesem Augenblick, daß man mehr weiß, als man zu wissen glaubte, und in dieser Schwebe, diesem Haben und Nichthaben hält sich der poetische Text, bis er ganz eingeholt ist in erfahrungslose Verständlichkeit, oder aber sich wieder verdunkelt hat.

Ein Moment des Schreibprozesses habe ich bisher nicht erwähnt: seine Rückwirkung auf den Autor. Sie ist aber das Alleroffensichtlichste und wahrscheinlich eine dauernde neue Motivation. Das Schreiben des Gedichtes kann einen Stimmungsumschwung herbeiführen, eine deutliche Steigerung des Lebensgefühls. Unruhe, innerer Druck wandeln sich um in Konzentration und lösen sich mit der Entstehung und Formierung der Vorstellungen in einem energetischen Prozeß, den man nicht mehr als eine abgesprengte Gegenkraft, als Spannung, sondern als Teil seiner selbst erlebt. Die Finsternis der zutagetretenden unbewußten Phantasien schränkt diese Erfahrung nicht ein. Eher scheint deren Macht vorübergehend gebrochen zu sein.

Auch Träume können das leisten. Sie konzentrieren herumvagierende, verdrängte Motive in einem symbolischen Szenarium und bauen durch ihren Ausdruck die Spannung zwischen dem Unbewußten und der Person ab. Wenn dieses Ventil experimentell, zum Beispiel durch Schlafentzug gesperrt wird, dann stellen sich bald Halluzinationen ein, das heißt, die unbewußten Inhalte überschwemmen jetzt das Wachbewußtsein, und die Person treibt in die Psychose ab. Die Entlastungswirkung des Träumens ist immer wieder therapeutisch genutzt worden, so von einer therapeutischen Schule, die sich Directed Daydreaming (Gelenktes Tagträumen) nennt. Sie versucht, Spannungen zu mindern, indem sie die Patienten dazu anhält, sich bewußt symbolische Situationen zu schaffen, in denen sie alle ihre beunruhigenden oder beängstigenden Phantasien ausagieren und lösen können.

Es liegt nahe, darin eine unmittelbare Analogie zur Literatur zu sehen und sie zu beschreiben als gelenktes Tagträumen. Doch das Schreiben eines literarischen Werkes und auch eines so spontanen Gedichtes wird als eine ichnähere Leistung erlebt, weil die Phantasien in der Entäußerung nicht nur ins Bewußtsein eingelassen, sondern auch objektiviert werden. Sie sind so zum Gegenüber geworden und werden festgehalten in einer Gestalt, die nicht mehr als fremde dämonische Macht erscheint, sondern als eine mitteilbare Erfahrung. Doch ist die Fremdheit nicht ganz verschwunden. Und dieses nicht ganz aufgeklärte Geheimnis gibt paradoxerweise einem Gedicht die Offenheit, die es zu einem Suchmuster für ähnliche Erfahrungen anderer Menschen macht.

Dieter Wellershoff: Träumerischer Grenzverkehr. Über die Entstehung eines Gedichtes. In: Das Verschwinden im Bild. Essays. Kiepenheuer & Witsch, Köln 1980, S. 127–142.

Axel Frank, Ebenerberg 3, 7481 Bingen-Hitzhofen

Carl Pietzcker

Gleichklang

Psychoanalytische Überlegungen zu Brechts später Lyrik

Brechts späte Gedichte umspielen in unterschiedlichen Bereichen und in unterschiedlicher Ausformung die „Einheit der Getrennten" und ziehen aus ihr lyrischen Reiz. Das elegische Glück jener „Einheit der Getrennten" speist sich aus der frühen Einheit mit der Mutter, aus dem Trennungsschmerz, aus der Vereinigungssehnsucht und aus der Erfahrung, in der Trennung als ein auf sich gestelltes Wesen bestehen zu können. Als Voraussetzungen solcher Lyrik lassen sich die Sozialisation Brechts erkennen, sein Lebensweg bis ins Alter und die politische Situation, auf die er schreibend antwortet.

Um 1955, ein Jahr vor seinem Tod, erinnert sich Brecht, der von der DDR aus den Aufbau des kommunistischen China mit Sympathie und Hoffnung verfolgte, an seine Jugendgeliebte Bie. Vor mehr als 35 Jahren waren sie in Augsburg zusammengewesen, Bie, wie er sie, und Bidi, wie sie ihn damals nannte. Er war dann weggezogen nach Berlin, später ins Exil, schließlich nach Ostberlin. Sie hatte geheiratet und lebte nun in der Bundesrepublik. Bie und Bidi, die sich ehemals liebten, sind längst getrennt. Doch er schreibt das Gedicht

„Gleichklang

Bidi in Peking
Im Allgäu Bie
Guten, sagt er
Morgen, sagt sie"[1]

Er hat die denkbar weiteste Distanz gewählt: Sich hat er ins ferne Peking versetzt, sie im provinziellen Allgäu belassen. Dieser räumlichen Distanz entspricht eine politische: der Marxist in Peking, die Katholikin im Allgäu. Und eine zeitliche: der zwanzigjährige Bidi damals und der siebenundfünfzigjährige Brecht heute. Doch, was so weit auseinanderliegt, ist in beglückendem „Gleichklang" vereint. Bidi und Bie, die sich in Wirklichkeit gar nicht hören könnten, begrüßen einander, zur Zukunft offen, am neuen Tag. Ihre politischen Positionen sind unvereinbar, doch sie sprechen gemeinsam den einen Gruß. Zur gleichen Zeit sind sie die Alternden heute und die Liebenden gestern. So sind sie getrennt und trotz aller Trennung vereint,

(1) w. a. 10, 1023 ('w. a.' = Bertolt Brecht: Gesammelte Werke in 20 Bänden. werkausgabe edition suhrkamp. Frankfurt/M. 1967).

beide in ihrer Eigenart belassen und doch fröhlich aufeinander bezogen – ein verspieltes Gedicht, das zu erkennen gibt, daß diese Einheit Phantasie, nicht aber Wirklichkeit ist.
Diese wenigen Zeilen sind ein Schlüssel zur Lyrik des älteren Brecht. Sie helfen uns, die Inhalte und Strukturen vieler seiner späten Gedichte zu erschließen. Die meisten von ihnen umspielen den Widerspruch von Trennung und Einheit: die Einheit, die das Getrennte beglückend überspannt, die Trennung, welche der in seiner Besonderheit Vereinzelte erträgt, weil er sich dennoch mit anderem eins weiß, die Entfernung, in der er Einheit erfährt, und die Einheit, in der ihm Trennung bewußt wird. Aus der beglückenden, aber auch schmerzlichen Vorstellung, verbunden und dennoch getrennt zu sein, ziehen diese Gedichte ihre lyrische, zumeist elegische Lust. Dem will ich nachgehen. Zunächst möchte ich zeigen, daß sich diese Struktur der „Einheit der Getrennten" in der Lyrik des späten Brecht auch sonst auffinden läßt.

I

Eine vollkommene Darstellung jener beglückenden Einheit gelang Brecht 1953 mit dem Gedicht

> „Rudern, Gespräche
>
> Es ist Abend. Vorbei gleiten
> Zwei Faltboote, darinnen
> Zwei nackte junge Männer: Nebeneinander rudernd
> Sprechen sie. Sprechend
> Rudern sie nebeneinander"[2]

Die beiden sind getrennt, jeder sitzt in seinem eigenen Boot. Sie müssen Abstand halten, sonst könnten sie nicht rudern. Eine Einheit bilden sie aber dennoch. Ohne sich voneinander zu unterscheiden, gleiten sie wie Spiegelbilder nebeneinander dahin, nackt, jung, rudernd und sprechend und jeder in seinem Faltboot: zwei, als wären sie einer, der sich verdoppelt hat. Doch sie rudern nicht miteinander, sondern nebeneinander, bleiben getrennt. Vereint sind sie dann aber doch im Sprechen und aufgehoben von Anfang an in der umgreifenden Einheit des Abends, der in sich freilich schon eine Trennung enthält, die Trennung vom Tag und so von diesem Augenblick beglückender Einheit. Der Tag gleitet durch den Abend in die Nacht. Und die Rudernden gleiten in ihren leichten Faltbooten über das Wasser hinweg, sind auf ihm, getragen von ihm, berühren es mit ihren Rudern und werden bald schon schwinden. So bilden sie miteinander, mit dem Augenblick und dem Ort eine Einheit. Doch zugleich sind sie selbst, der Augenblick und der Ort in sich und voneinander auch getrennt.

---

(2) w. a. 10, 1013.

Der dieses Gedicht spricht, dessen lyrisches Subjekt, erfährt hier ebenfalls Trennung und Einheit zugleich. Er ist draußen am Ufer. Die beiden gleiten an ihm, dem Ausgeschlossenen, vorbei. Aus einiger Entfernung schaut er, doch schauend gibt er sich dem Bild vorübergleitenden Glücks und seiner ruhigen Einheit hin. Ihn und die beiden dort auf dem Wasser eint der sie alle umfassende Abend. Die Einheit der Getrennten, von der das Gedicht spricht, ist in seiner Form gegenwärtig und sinnlich zu erfahren. Das Gedicht ist in Zeilen und Sätze gegliedert; doch die Sätze enden mitten in den Zeilen, so daß wir über die Trennung zwischen Zeile und Zeile durch den fortlaufenden Satz hinweggleiten und über die Trennung zwischen Satz und Satz durch die fortlaufende Zeile: „Es ist Abend. Vorbei gleiten/ Zwei Faltboote, darinnen/ Zwei nackte junge Männer:“ Wiederaufnahme und Parallelführung („Zwei Faltboote“ – „Zwei nackte junge Männer“) stellen die Gleichheit der Getrennten mimetisch dar. Die Mitte der dritten Zeile bildet dann die Achse, um die sich das Gedicht symmetrisch aufbaut: Eingangs zwei Kurzzeilen, dann die dritte lange Zeile „Zwei nackte junge Männer“, Doppelpunkt; er bildet die Achse! Und weiter „Nebeneinander rudernd“. Dann abermals zwei Kurzzeilen. Die beiden Gedichthälften spiegeln einander wie die beiden Rudernden in genauer Entsprechung. Solche Spiegelung wiederholt die zweite Gedichthälfte in kunstvoll syntaktischer Verschränkung: „Nebeneinander rudernd/Sprechen sie.“ Punkt. Das ist der Drehpunkt. „Sprechend/Rudern sie nebeneinander.“ Partizip („rudernd“) und Aktionsform des Verbs („rudern sie“), eher zeitloser Zustand und Handeln in der fortschreitenden Zeit verschränken sich ebenso ineinander wie die beiden Aktivitäten: Rudern, Gespräche, körperlich und geistig. Rudern und Sprechen vereinigen sich in spiegelnder Umkehr, beziehen sich auf nichts als sich selbst und vermitteln so die Erfahrung eines in sich selbst einigen, zweckfreien, nur sich selbst geltenden Tätigseins – und dennoch bleiben sie getrennt. „Nebeneinander rudernd sprechen sie. Sprechend rudern sie nebeneinander.“ Die fließende Zeit läuft im Chiasmus zur Gleichzeitigkeit von Rudern und Sprechen in sich zurück und wird im Spiegelrahmen festgehalten zwischen „Nebeneinander“ und „nebeneinander“. Fast steht sie still. Dennoch gleitet auch sie vorüber: „Nebeneinander rudernd/Sprechen sie. Sprechend rudern sie nebeneinander“. Eine hochartifizielle und doch auf den ersten Blick selbstverständlich-einfache Balance zwischen Trennung und Einheit.

So vergegenwärtigt das Gedicht die Erfahrung elegischen Glücks, die Erfahrung der Einheit und zugleich der Trennung von Mensch und Mensch, Geist und Körper, Mensch und Natur, von Hier und Dort, stillstehender und verfließender Zeit. Diese Struktur, die Einheit der Getrennten, spielen die Gedichte des späten Brecht in so unterschiedlichen Bereichen wie dem der Liebe und dem der Gesellschaft durch, ja sogar in dem der Politik. Dabei betonen sie einmal eher die Einheit, ein andermal eher die Trennung.

Ein Liebesgedicht von 1954 macht die Trennung sogar zur Voraussetzung von Nähe und Einheit. Nach der Trennung spricht hier zuerst der Mann, dann die Frau. Schließlich sprechen die beiden Getrennten die dritte Strophe gemeinsam: Sie sind zur Einheit gekommen und bleiben dennoch getrennt. Das beklagen sie: Ein in der Trennung gewonnenes, aber auch verlorenes Glück, doch ein Glück immerhin:

„Ach, nur der flüchtige Blick

'Ach, nur der flüchtige Blick
Sah sie genau
War nur durch solchen Trick
Mann meiner Frau.'

'Nur im Vorübergehn
Hatt' ich ihn ganz
War doch, fast unbesehn
Frau meines Manns.'

Haben die Zeit vertan
Bis uns die Zeit getrennt
Und, schon den Mantel an
Uns dann umarmt am End."[3]

Nur durch einen „Trick", durch Trennung, durch den 'flüchtigen', vorübergleitenden Blick, sah der Liebende die Geliebte genau und gewann ihre Nähe. Nur „fast unbesehn" und erst als sie auseinander gingen, haben sie sich umarmt. Doch sie bleiben getrennt. Dennoch ist er „Mann meiner Frau" und sie „Frau meines Manns": vereint wie Bidi und Bie im Alter, hier in Peking und dort im Allgäu. Elegisch beklagen sie Trennung und vertane Zeit, bewahren im gemeinsamen Sprechen aber dennoch das Glück ihrer Einheit.
Das Gedicht „Schwierige Zeiten" von 1955 holt seine lyrische Kraft sogar aus der Entscheidung für die Trennung und aus dem Verzicht auf die Einheit, die hier die Einheit des alten Mannes in der DDR mit seiner Kindheit in Augsburg ist:

„Schwierige Zeiten

Stehend an meinem Schreibpult
Sehe ich durchs Fenster im Garten den Holderstrauch
Und erkenne darin etwas Rotes und etwas Schwarzes
Und erinnere mich plötzlich des Holders
Meiner Kindheit in Augsburg.
Mehrere Minuten erwäge ich
Ganz ernsthaft, ob ich zum Tisch gehn soll
Meine Brille holen, um wieder
Die schwarzen Beeren an den roten Zweiglein zu sehen."[4]

„Schwierige Zeiten": Damals und Heute, Dort und Hier sind nur schwer noch zusammenzubringen. Die aufkommende Erinnerung läßt die Einheit spüren: Der Holder damals – und der Holder jetzt. Doch der alte Mann drinnen hinter dem Fenster zögert, draußen die Beeren seiner Kindheit wieder zu erblicken. In der verschwimmenden Einheit von Wahrnehmung und Erinnerung wird ihm die Trennung zwischen heute und früher bewußt. Doch er erträgt sie: Er ist nicht mehr das Kind von Augsburg, sondern alt und gebrechlich, mit einer Sehschwäche. Dem stellt er sich

(3) w. a. 10, 1021.
(4) w. a. 10, 1029.

und zögert, das Dort und Damals zurückzuholen. Aus diesem Zögern, aus dem Oszillieren zwischen Wunsch nach Einheit und Anerkennung der Trennung, gewinnt das Gedicht seine lyrische Emotion. Die Bescheidung, die sich hier spüren läßt, das elegische Einverständnis mit der Trennung beruht auf der Anerkennung der Realität wohl nicht nur des eigenen Alters, sondern auch des politischen Zustands. Zuviel liegt zwischen Augsburg und Ostberlin. Und dennoch wird die Trennung auch überwunden. Im Erinnern, im Verschwimmen von Erinnerung und Wahrnehmung, im Zögern ist die Einheit gegenwärtig. Und, wenn er „ganz ernsthaft“ erwägt, ob er seine Brille holen soll, ist er da ernsthaft, wie ein Erwachsener zu sein hat? Oder nicht eher wie ein Kind, über dessen naiven Ernst der Erwachsene lächelt? Sind da Kind und Erwachsener nicht doch wieder eins?
Bedeutet der Verzicht auf die Brille den auf die Einheit, so bewahrt er sie auch. Mit der Brille könnte der alte Mann die Beeren seiner Kindheit ja gerade nicht sehen: Es wären andere. Nur wenn sein Blick verschwimmt, kann er sich die Einheit phantasieren. Denken wir an den ‘flüchtigen Blick’ des Liebenden, der die Geliebte genau sah. Er sah sie vielleicht als Geliebte genau, nicht aber als besonderen Menschen. Nur durch diesen „Trick“ konnte er die Einheit phantasierend erfahren. Und denken wir an „Rudern, Gespräche“: Nur dem verschwimmenden Blick des Kurzsichtigen können die im Faltboot Rudernden nackt erscheinen. Hätte er seine Brille, so müßte er erkennen, daß er gar nicht sehen kann, ob sie auch wirklich ganz nackt sind. Der Bootsrand ist zu hoch. Er hat sich diese Nacktheit phantasiert, vielleicht sogar die Faltboote, in denen man ja schwerlich rudern kann, deren Leichtigkeit aber dem Bild leichten Gleitens entspricht. Oder er hat statt des Paddelns das Rudern erträumt, das sich eher in dieses Bild ruhigen Gleichmaßes einphantasieren läßt. Der verschwimmende oder auch flüchtige Blick ist Voraussetzung solcher Einheitsphantasien. Der Verzicht auf die Brille läßt sie erst zu. Als bewußter, das zeigt „Schwierige Zeiten“, läßt er aber auch die Trennung bewußt werden. So spielen diese Gedichte zwischen klarem und verschwimmendem Blick, zwischen Trennung und Einheit, und kritisieren unausgesprochen von der Position des klaren Blicks und von ihrer hochentwickelten Intellektualität aus den träumerischen Blick und dessen nicht ganz stimmige Bilder.
Wie die Einheit eines von der Kindheit ins Alter führenden Lebens durch die Politik gestört wird, wie der Alternde – von seiner Kindheit abgetrennt – dennoch die Einheit erfährt und in ihr wieder die Trennung, zeigt in epigrammatischer Kürze das Gedicht

„Tannen

In der Frühe
Sind die Tannen kupfern.
So sah ich sie
Vor einem halben Jahrhundert
Vor zwei Weltkriegen
Mit jungen Augen.“[5]

---

(5) w. a. 10, 1012f.

Angesichts des gleichgebliebenen Naturbildes erinnert der Alternde sich seiner Jugend, aber auch der schrecklichen Jahre dazwischen, der beiden Weltkriege. Im Widerspruch von Bild, Erinnerung und Reflexion vermittelt das Gedicht das Glück von Schönheit und Jugend, von Kontinuität und Einheit der Welt wie des Lebens und zugleich die Trennung und den Schrecken der Geschichte. Aus ihren Dissonanzen, die es zwischen erster und letzter Zeile, zwischen „In der Frühe" und „Mit jungen Augen", dann doch wieder sänftigt, zieht es seine betroffen-elegische Lust.
Erscheinen hier die Folgen unmenschlicher Politik als Störung der Einheit, so stellt Brecht die Folgen geglückter Politik als Einheit der Getrennten dar. Diese Einheit, die wir von „Rudern, Gespräche" her kennen, bestimmt deutlich das Gedicht „Glückliche Begegnung" von 1952:

„Glückliche Begegnung

An den Junisonntagen im Junggehölz
Hören die Himbeersucher vom Dorfe
Lernende Frauen und Mädchen der Fachschule
Aus ihren Lehrbüchern laut Sätze lesen
Über Dialektik und Körperpflege.

Von den Lehrbüchern aufblickend
Sehen die Schülerinnen die Dörfler
Von den Sträuchern die Beeren lesen."[6]

Zwei gesellschaftliche Gruppen, die bisher getrennt waren, Dörfler und Städter, Handarbeiter und aus ihren Lehrbüchern Lernende, lassen in glücklicher Begegnung eine vorübergehende Einheit spüren. Sogar ihre Tätigkeiten – „Sätze lesen", „Beeren lesen" – finden in demselben doppelsinnigen Wort zur Einheit. Dennoch bleiben die Gruppen einander fern. Wie die nackten jungen Männer nebeneinander, nicht miteinander rudern, so handeln oder reden auch sie nicht miteinander, nehmen einander nur hörend und sehend aus einigem Abstand wahr: keine dauernde Einheit, nur leichte Berührung. Die Trennung bleibt erhalten. Doch das Glück dieser flüchtigen Einheit kann in bessere Zukunft weisen.
Das utopische Moment jener „Einheit der Getrennten", die Anerkennung der Einheit und der Trennung zugleich, bestimmt Brechts Vorstellungen von zwischenmenschlich-gesellschaftlichem Verhalten, wie er sie in seinen späten Gedichten formuliert. In dem Fragment „An einen jungen Bauarbeiter der Stalinallee" von 1952 heißt es:

„Dem, der dich anschreit, sag:
Leiser, Freund! Das höre ich besser.

Dem, der das Kommando gibt, sag:
Kommando muß sein, bei so vielen, in so großen Unternehmungen
Mit so wenig Zeit
Aber kommandiere so
Daß ich mich selber mitkommandiere! erkundige dich, was da ist
Wenn du etwas forderst, Genosse"[7]

(6) w. a. 10, 1000.
(7) w. a. 10, 1004.

Herrschaft, die Trennung in oben und unten ist, wenigstens in der gegenwärtigen Situation, anerkannt und mit ihr auch die von oben gesetzte Einheit. Doch dem steht die Selbständigkeit der Getrennten gegenüber, auch die des Bauarbeiters, und damit eine neue Einheit, die sich aus der Wechselseitigkeit der Getrennten ergibt: „Aber kommandiere so/ Daß ich mich selber mitkommandiere". Hier stellt Brecht der absoluten Trennung und der absoluten Vereinnahmung die Einheit der Getrennten gegenüber, die ihre Trennung anerkennen. Diese utopische Vorstellung läßt er in der Begegnung von Mensch und Natur (z. B. in „Rudern, Gespräche") Gestalt werden, trägt sie als Anspruch in die Gesellschaft hinein und formuliert sie zumindest dort, wo einzelne Menschen miteinander umgehen, schon als Handlungsmaxime:

„Höre beim Reden!

Sag nicht zu oft, du hast recht, Lehrer!
Laß es den Schüler erkennen!
Strenge die Wahrheit nicht allzu sehr an:
Sie verträgt es nicht.
Höre beim Reden!"[8]

Die Trennung ist anerkannt, es gibt Lehrer und Schüler. Doch der Lehrer hat auch den Schüler als eigenständiges Wesen anzuerkennen, sich ihm nicht aufzudrängen. Die Wahrheit, die sie vereinen könnte, verlangt Wechselseitigkeit. Der elegischen Glückserfahrung der „Natur"gedichte entspricht die ethische und schließlich die politische Forderung:

„Wie soll die große Ordnung aufgebaut werden
Ohne die Weisheit der Massen? Unberatene
Können den Weg für die vielen
Nicht finden.

Ihr großen Lehrer
Wollet hören beim Reden!"[9]

II

Ich hoffe, es ist mir gelungen, zu zeigen, wie sehr diese Struktur, die „Einheit der Getrennten", die späte Lyrik Brechts in ihren unterschiedlichen Bereichen und in unterschiedlicher Ausformung bestimmt. Nun will ich sie psychoanalytisch deuten, um die unbewußten Antriebe dieser Gedichte zu begreifen und von ihnen aus ihre gemeinsame Struktur und die Gefühle, die in sie eingingen. Hierauf beschränke ich mich. Es geht mir nicht darum, alle Momente dieser Lyrik zu erhellen.
Ich behaupte, daß Brecht mit diesen Gedichten seinen frühkindlichen Schmerz, von der Mutter getrennt zu sein, wiederbelebt und zugleich die Sehnsucht, mit ihr vereint zu sein, aber auch die frühe Gewißheit, mit ihr eine Einheit zu bilden; eine Ge-

(8) w. a. 10, 1017.
(9) „Frage", w. a. 10, 1018.

wißheit, die ihn die Trennung ertragen und seine eigene Eigenständigkeit emotional anerkennen läßt, aber auch die der Mutter. Das elegische Glück der „Einheit der Getrennten" speist sich aus der frühen Einheit mit der Mutter, aus dem Trennungsschmerz, aus der Vereinigungssehnsucht und aus der Erfahrung, in der Trennung als ein auf sich gestelltes Wesen bestehen zu können.

Diese für manchen befremdliche These zu erläutern, wende ich mich nun kurz der psychoanalytischen Theorie des Narzißmus zu.[10] Nach ihr trennt sich das Kind psychisch erst allmählich von der Mutter. Anfangs empfindet es weder sich als Subjekt noch sie als von ihm getrenntes Objekt, sondern eine diffuse Einheit. Erst im Gang eines langdauernden Prozesses, in dem sich seine Wahrnehmung, seine Körperbeherrschung und ganz allgemein seine Fähigkeit, sich selbständig zu bewegen, entwickeln, löst es sich von der Mutter ab. Es wird zu einem Subjekt, das dem Objekt gegenübertritt, sich in seinem Abgetrenntsein und die Objektwelt in ihrer Eigengesetzlichkeit erkennt und anerkennt. In dem Maße, wie das Kind erfährt, daß die Mutter nicht immer gegenwärtig ist, es nicht füttert, wenn es hungert, nicht unmittelbar und nicht auf alle seine Bedürfnisse eingeht, nimmt es sich als getrennt wahr, als getrennt von ihr, und in seiner Trennung als abhängig, oft genug als ohnmächtig und verlassen. Das sind schmerzliche Erfahrungen. Diesen Trennungsschmerz sucht das Kind durch mannigfache Mechanismen zu verdecken und zu bewältigen, die später dann in das Unbewußte und in die Charakterstruktur des Erwachsenen eingehen, wenn der Schmerz besonders traumatisch ist bzw. wenn er im weiteren Leben seine Wiederholungen findet. Um ihn zu bewältigen, kann das Kind z. B. versuchen, seine Sehnsucht nach der Mutter zu verleugnen, Gefühle von ihr abzuziehen und auf sich selbst zu wenden: Wenn es, gleichgültig gegen die ihm fremde Mutter und schließlich gegen die fremde Welt, nur auf sich selbst bezogen ist, kann es auch von niemand mehr verlassen werden. Es phantasiert sich großartig in den Mittelpunkt seiner Welt, oder es wünscht den Zustand vor der Trennung zwischen sich und der Mutter, zwischen Subjekt und Objekt zurück und löst in seiner Phantasie die Mutter, sich und die anderen Objekte auf, um wenigstens so des Glücks der frühen Einheit teilhaftig zu werden. Es sucht also entweder seine frischgewonnene Selbständigkeit aufzugeben und mit der Mutter wieder zu verschmelzen oder aber seine Selbständigkeit zu betonen und damit seine Abhängigkeit zu leugnen. Oft genug pendelt es zwischen beiden Positionen hin und her, wehrt mit der Isolierung die Gefahr ab, sich in der Verschmelzung aufzulösen, und mit der Verschmelzung die Gefahr, isoliert und fern der Mutter zumindest psychisch unterzugehen.

Diese Mechanismen, den Trennungsschmerz, die Verschmelzungssehnsucht und die Angst vor weiterer Trennung zu bewältigen, bestimmen Brechts frühes Schreiben. In seiner späten Lyrik gab er sie wieder auf. Hier mußte er Verschmelzungswunsch und Trennungsschmerz nicht mehr verdecken. Er konnte sie zulassen, sich und die anderen in ihrer Besonderheit annehmen und zugleich das Glück der frühen Einheit genießen. Dichtend konnte er sich nun auf einer reiferen Stufe der psychischen Entwicklung bewegen, auf einer Stufe des Erwachsenseins, die manches Kind schon

---

(10) Eine zusammenfassende Darstellung findet sich bei Henseler (1976).

früh und mancher Erwachsene nie erreicht, auf jener Stufe, wo der Mensch aushält, allein und anders zu sein, wo er sich dennoch den anderen, die von ihm getrennt sind, emotional zuwendet und sich vertrauensvoll mit ihnen verbunden weiß. Das gelang Brecht freilich nur, wo er die Sinnlichkeit und ihre Gefahren mit dem „Trick" des 'flüchtigen Blicks' fernhielt und sich selbst in die Rolle des passiven Beobachters begab: Nicht er, sondern die anderen rudern; er schaut, und die Welt wird zum Bildchen. Wo er zurückwich vor der sinnlich-aktiven Auseinandersetzung mit Objekten, dort konnte er die Einheit der Getrennten gestalten.
Diese Einheit trägt bei ihm elegisch-utopische Züge: Sie ist vom Hier und Jetzt getrennt und doch hier und jetzt schon da. Struktur, Inhalte und Emotionalität seiner späten Gedichte lassen sich vom Umgang mit diesen frühen Phantasien her begreifen. Aus ihm ziehen sie ein gut Teil ihres lyrischen Reizes, die Liebesgedichte ebenso wie die politischen.

III

Um meine These zu stützen und den emotionalen Untergrund dieser Lyrik ans Licht zu heben, blicke ich kurz auf den jungen Brecht und seine Gedichte zurück. – Um 1920, vor, während und nach seiner Zeit mit Bie gehen in seine Lyrik deutlich Phantasien ein, mit denen er des Trennungsschmerzes Herr zu werden suchte, ohne ihn und den unbewußten frühen Wunsch nach der Einheit mit der Mutter ins Bewußtsein dringen zu lassen, also ohne sich von dem in sein Inneres aufgenommenen Bild der Mutter auch wirklich zu lösen. Das sind Phantasien, mit denen das lyrische Subjekt sich gleichgültig stellt, seine Abhängigkeit von der Mutter und damit letztlich von allen Objekten verleugnet, um keine Trennung mehr erleiden zu müssen, oder Phantasien, in denen es die Objektwelt als ihrerseits so gleichgültig-gefühllos darstellt, daß keine Gefühlsbindung an sie mehr möglich ist und so auch keine Trennung. Oder es sind Phantasien, die den Trennungsschmerz durch die Auflösung der Objektwelt, des Subjekts oder beider zu bewältigen suchen: In der Auflösung wäre die Trennung dann aufgehoben. Oder es sind Phantasien geringer Objektberührung, philobatische Phantasien vom Herumschweifen, vom glücklichen Schweben und Getragensein, Phantasien, in denen die Trennung zurückgenommen und der Phantasierende dennoch als ein Subjekt erhalten scheint.
Die Gleichgültigkeit des Subjekts, das sich nicht binden will, inszenierte Brecht 1922 in „Vom armen B. B." exemplarisch an sich selbst:

> „In meine leeren Schaukelstühle vormittags
> Setze ich mir mitunter ein paar Frauen.
> Und ich betrachte sie sorglos und sage ihnen:
> In mir habt ihr einen, auf den könnt ihr nicht bauen."[11]

In herrscherlicher Kontrolle behält er alles in der Hand, gibt sich nicht hin, bleibt von den anderen getrennt, öffnet und bindet sich nicht. Sonst wäre er ja den

---

(11) w. a. 8, 261.

Schmerzen künftiger Trennung ausgesetzt. Dennoch läßt er hinter seiner posierten Gleichgültigkeit die Sehnsucht nach Einheit und sein Leiden an der Trennung spüren. Die Welt phantasiert er als kalt, bannt in der Kälte die Trennung und hält sich so die unzuverlässigen Objekte vom Leib:

„Auf die Erde voller kaltem Wind
Kamt ihr alle als ein nacktes Kind.
Frierend lagt ihr ohne alle Hab
Als ein Weib euch eine Windel gab.
[. . .]
Keiner schrie euch, ihr wart nicht begehrt
Und man holte euch nicht im Gefährt.“[12]

Diese Kälte herrscht überall, auch zwischen den Menschen: „Wenn ihr ein Schiff vollstopft mit Menschenleibern, daß es birst, es wird eine solche Kälte in ihm sein, daß sie alle gefrieren.“[13] Eine andere Phantasie, mit der er sich vor dem Trennungsschmerz schützt, ist die der Auflösung: Die Stadt, in welcher der arme B. B. leidet, wird untergehn, das Gesicht der Geliebten löst sich auf wie die Wolke[14], und das ertrunkene Mädchen vergeht schließlich zu Aas:

„Als ihr bleicher Leib im Wasser verfaulet war
Geschah es (sehr langsam), daß Gott sie allmählich vergaß
Erst ihr Gesicht, dann die Hände und ganz zuletzt erst ihr Haar.
Dann ward sie Aas in Flüssen mit vielem Aas.“[15]

Solche Trennung führt in der Auflösung zur Phantasie einer neuen Einheit, die den Schmerz, getrennt, individuiert zu sein, übertönt. – Auch philobatische Phantasien finden sich allenthalben: das Herumschweifen der Abenteurer, Vaganten und vom Meer getragenen Seeräuber, das leichte Getragensein von Wasser und Schiffschaukel.[16]

Es ist wohl deutlich geworden, daß die Lyrik des jungen Brecht sich hier aus frühen Phantasien speist, mit denen das Kind die Trennung von der Mutter, an die es dennoch gebunden bleibt, zu bewältigen sucht. Diese unbewußte Bindung an die Mutter, von der er sich schmerzlich als getrennt erfuhr, ging damals auch in Brechts Umgang mit anderen Menschen ein. Bie, die Augsburger Geliebte, berichtet z. B. von seiner beängstigenden Eifersucht.[17] Er versuchte,

„mich zu beherrschen und gänzlich von anderen Männern fernzuhalten. Ich war sein persönliches Eigentum, und er ließ mich das durchaus fühlen. So gebärdete er sich in steigendem Maße immer wilder, wenn er glaubte, fürchten zu müssen, daß ein Rivale auftauchte.“[18]

(12) w. a. 8, 205, „Von der Freundlichkeit der Welt“.
(13) w. a. 1, 187, „Im Dickicht der Städte“. Die Bedeutung der Metapher der Kälte und mit ihr der narzißtischen Phantasien für das Werk Brechts hat erstmals v. Matt (1976) betont.
(14) Hierzu Pietzcker (1974), S. 267 ff.
(15) w. a. 8, 252, „Vom ertrunkenen Mädchen“.
(16) Hartmann (1982) zeichnet Brecht als Philobaten.
(17) Banholzer (1978), S. 32 ff.
(18) Banholzer (1978), S. 39.

„Wenn er selbst auch nicht in der Lage war, mich zu beobachten, so ließ er mich ganz einfach von zuverlässigen Freunden überwachen, die ihm danach einen detaillierten Bericht zu liefern hatten. Wurde ich angesprochen oder begegnete mir jemand, mit dem ich einige Worte auf der Straße wechselte, so wurde der Name notiert oder eine Beschreibung skizziert."[19]

Als sie sich einmal von einem gut aussehenden Leutnant den Hof machen ließ, war er „furchtbar aufgeregt und sagte mir: 'Du hast dich benommen wie eine Dirne.'"[20] Er wiederholt hier gegenüber der Geliebten unbewußt sein infantiles Verhalten zur Mutter, von der er sich noch nicht hat lösen können: Mit der Liebe erwacht seine Sehnsucht nach der frühen Einheit und mit dieser die Angst vor Trennung und Ohnmacht. Sie äußert sich als Eifersucht und läßt ihn der Geliebten kein Eigenleben zugestehen. Er ist sich ihrer in seiner Angst nicht sicher; und durch einen Dritten könnte sie noch weiter von ihm entfernt werden. So macht er sich zu ihrem Herrscher und kontrolliert sie. Wagt sie einen eigenen Schritt zu tun, so erhebt er sich über sie, und zwar höchst moralisch: „Du hast dich benommen wie eine Dirne."
Dieses kleine Beispiel mag genügen, um zu zeigen, daß der Trennungsschmerz, den die Phantasien seiner frühen Lyrik übertönen helfen, auch Brechts Verhalten zu anderen Menschen bestimmte, daß er in seinen Gedichten also nicht beliebige Phantasien ausgestaltete, sondern seine ureigenen Schwierigkeiten zu bewältigen suchte.

IV

Um die Herkunft dieser Schwierigkeiten zu beleuchten, entferne ich mich nun noch weiter von den Altersgedichten und wende mich für eine kurze Zeit Brechts Kindheit und Jugend zu – nicht um die Alterslyrik als notwendiges Ergebnis früher Erfahrungen hinzustellen, sondern um zu zeigen, wie sich jene psychische Disposition herausbildete, mit der und auf die Brecht später in seiner Kunstarbeit dann antwortet.
Ich beschränke mich auf eine vereinfachende Skizze bereits vorliegender Ergebnisse[21], die angesichts des Wenigen, was wir von Brechts Frühzeit wissen, oft genug nur durch Rückschlüsse gewonnen werden konnten.
Der kleine Berthold Eugen Brecht scheint im Widerspiel von Abhängigkeitswünschen und Angst vor Abhängigkeit an seine Mutter gebunden gewesen zu sein. Wahrscheinlich zog die Mutter ihn besonders innig an sich und ließ es ihn gerade deswegen als schmerzlich erfahren, wenn sie sich einmal von ihm ab- oder gar gegen ihn wandte. So blieb er wohl gefangen im Widerspruch zwischen ihrer zärtlichen Zuwendung, dem Wunsch nach weiterer Zuwendung, der Angst vor ihr und dem Trennungsschmerz. Auslösend mag gewesen sein, daß die Mutter, so sehr sie sich auch um ihr Kind kümmerte, sich ihm doch nicht, wie sich erschließen läßt, körperlich zuwandte. Eine weitere wichtige Erfahrung wird die Geburt des Bruders gewesen sein, die den nicht ganz zweieinhalbjährigen ältesten Sohn Berthold dem Zentrum mütterlicher Aufmerksamkeit entrückte. Brecht war ein kränkliches Muttersöhnchen. In der Pubertät traten bei ihm Herzkrämpfe auf, die vermutlich psychisch bedingt waren: eine angstneurotische körperliche Reaktion auf die mit der sexuellen Reifung verstärkt erfahrene Zurückwei-

(19) Banholzer (1978), S. 41.
(20) Banholzer (1978), S. 33.
(21) Hartmann (1982) und Pietzcker (1974), S. 219 ff.

sung durch die Mutter.[22] Die selbst bald kränkliche Mutter umsorgte ihn und sah ihn früh schon als künftigen Schriftsteller. An sie, die zuletzt an den Rollstuhl gefesselt war und deren baldigen Tod er viele Jahre hindurch vor Augen hatte, blieb er gebunden und verließ seine Geburtsstadt Augsburg erst, nachdem sie 1920 gestorben war. Später richtete er sich in seiner Heimatstadt ein Zimmer mit ihren Möbeln ein. Sie hatte ihn die Trennung erleiden lassen; schon in den ersten Lebensjahren und dann, als sie die gesellschaftlichen Normen, insbesondere die bürgerlich-christliche Sexualmoral, gegen ihn durchsetzen mußte. Da stand sie auf der Seite der Gesellschaft und des Vaters gegen die Bedürfnisse ihres heranwachsenden Sohnes. Die Gesellschaft, das war nun auch die Mutter, bei der er sich gerade vor der fremden Gesellschaft zu bergen suchte: „Und sie sagten alle ganz wie meine Mutter: [. . .] Er ist ein völlig anderer Mensch als wir.“[23] Das rief den Haß des Ausgeschlossenen herauf. Den aber durfte er nicht äußern. Er wollte die Mutter, die er liebte, ja nicht verletzen, und er fürchtete ihren baldigen Tod, mit dem sie ihn erpreßte. So vertiefte sich das bittersüße Zusammenspiel von Sehnsucht nach Einheit und Trennungsschmerz.

Hier stoßen wir auf die ödipalen Komponenten seiner Phantasien. Die Mutter, die sich gegen die sexuellen Wünsche ihres Sohnes stellte, tat dies im Namen der von ihr verinnerlichten patriarchalischen Sexualmoral und des Vaters, der sich zwischen die beiden geschoben und sie getrennt hatte. Das Inzestverbot verstärkte die frühe Trennungserfahrung. Vor diesem Verbot und dem ödipalen Angriff auf den Vater wich Brecht auf seine frühen Phantasien zurück. Nicht ganz allerdings: Seine Gedichte zwischen 1914 und 1920 zeigen, daß er den Angriff auch wagte, gegen seinen Vater und dessen psychische Nachfolger draußen, die Lehrer, den Kaiser und den Christengott, und im eigenen Inneren gegen das Über-Ich.[24] Das blieb nicht ohne Wirkung. Der Angriff auf den Vater, dem der Sohn ja auch in Liebe verbunden war, weckte Schuldgefühle und führte beim jungen Brecht in der Kriegs- und Nachkriegszeit, in welcher die Autoritäten angesichts der schrecklichen Wirklichkeit versagten, der Kaiser abdankte und die bürgerlich-christlichen Normen sich kaum mehr halten ließen, zur beglückend-beängstigenden Erfahrung, daß der Angriff erfolgreich war.

Vermutlich kam es zu diesem Erfolg, weil Brechts Vater von früh an nicht stark genug gewesen war, ihn von der Bindung an die dominierende Mutter zu befreien. Er gewährte seinem kleinen Sohn, der sich von der Mutter ablösen wollte, keinen Rückhalt und damit keine Distanz gegenüber der Mutter. So überließ er ihn seinen Wünschen nach Verschmelzung und der Angst hiervor.[25] Der kleine Berthold fühlte sich vom Vater im Stich gelassen und hatte es in dieser Situation schwer, sich männlich mit ihm zu identifizieren. Deshalb konnte er auch später kein stabiles Über-Ich aufbauen. Das machte es ihm dann auch leichter, sich von diesem Über-Ich und den übrigen Vaternachfolgern zu befreien. – Noch der Dreiundzwanzigjährige klagt: „Der Vater, der seinem Sohn hilft, der soll in die Geschichtsbücher kommen. [. . .] Und mein Vater hilft mir nicht in meiner schwersten Zeit.“[26] Zuvor hatte er in seinen Gedichten be-

(22) Zu Brechts neurotischen Herzanfällen Hartmann (1982), S. 14 ff.
(23) w. a. 9, 94.
(24) Die ödipale Komponente dieser Gedichte habe ich in meiner Studie über die Lyrik des jungen Brecht (Pietzcker [1974]) breit dargestellt, ihre narzißtische konnte ich damals noch kaum sehen.
(25) Hartmann (1982), S. 39 ff., vertritt die These, daß es beim kleinen Brecht nicht zur gelungenen Triangulierung (d. i. zur verinnerlichten Dreipersonenbeziehung: Kind – Mutter – Vater) gekommen sei, weil der schwache, konturenarme Vater sich zu wenig zur männlichen Identifikation angeboten habe. Daraus erkläre sich auch Brechts Zurücksinken auf narzißtische Phantasien. – Zur frühen Triangulierung Rotmann (1978).
(26) Brecht (1975), S. 136; 1921.

klagt, von Kaiser und Gott verlassen zu sein.[27] Ganz im Gegensatz zur Mutter sah der Vater in ihm auch nicht die künftige Schriftstellergröße, band ihn also auch hierdurch nicht an sich. „Das, was ich mit meiner Literatur getan hätte, halte er persönlich für gar nichts."[28]
Der erfolgreiche Angriff auf die äußeren und die verinnerlichten Vaternachfolger verschärfte Brechts Schuldgefühle. Und diese ließen ihn auf frühe, narzißtische Phantasien zurückweichen. Dadurch verstärkte sich seine Erfahrung, getrennt, verlassen und deshalb ohnmächtig zu sein, zugleich aber auch die, frei und genußfähig zu sein. So gewann die Trennungserfahrung in Brechts damaliger anarchistisch-nihilistischer Lyrik jenes Doppelgesicht von Schrecken und Lust, das ihn immer wieder dazu brachte, sie im Gedicht zu beschwören und zugleich angstvoll zu verdecken. Mit der Lyrik jener Zeit löste er sich von den Normen und ganz allgemein von dem Verhalten des bürgerlichen Mittelstandes ab, dem er entstammte und dem er bis in die letzte Faser verhaftet war. Er trennte sich von seiner Klasse, erneuerte also seine Trennungserfahrung und suchte Sicherheit z. B. in der Gleichgültigkeit des armen B. B., in der Kälte der Welt und in einer neuen Einheit, in einer Auflösung, in die hinein er der alten Autorität entglitt – wie das ertrunkene Mädchen dem christlichen Vatergott:

„Als ihr bleicher Leib im Wasser verfaulet war
Geschah es (sehr langsam), daß Gott sie allmählich vergaß
Erst ihr Gesicht, dann die Hände und ganz zuletzt erst ihr Haar.
Dann ward sie Aas in Flüssen mit vielem Aas."

V

Dreißig Jahre später, in seiner Alterslyrik, mußte Brecht den Trennungsschmerz nicht mehr übertönen. Nun ließ er ihn zu: die Sehnsucht nach Einheit und ihre Enttäuschung. Er gewann Einheit nun nicht mehr in der Auflösung, sondern in der Einheit der Getrennten. Er mußte die Objektwelt nicht mehr als kalt inszenieren und sich selbst nicht mehr als zynisch-gleichgültig, herrscherlich und kontrollierend. Er konnte sich einer auch beglückenden Objektwelt öffnen und zugleich dem Schmerz der Trennung. Behutsam tastend, erinnernd und reflektierend konnte er nun den schmerzlich-süßen Gefühlen elegischen Glücks nachgehen.

Was war geschehen inzwischen? Ich will dies eben so kurz skizzieren wie vorher den Entwicklungsweg, der zu seiner frühen Lyrik führte.[29] In einem verschlungenen Prozeß, der sich bis in die dreißiger Jahre hinzog, gelang es Brecht, sich aus den schlimmsten Fesseln seiner ödipalen Verstrickung zu lösen, die verinnerlichten elterlichen Gebote, das Über-Ich, ein Stück weit abzubauen und so seinen nach innen, gegen ihn selbst gerichteten Haß nach außen zu wenden. Da der Haß nun ins Bewußtsein trat, konnte er ihn ein Stück weit abarbeiten. Er konnte sich dem Vater ein wenig nähern[30], sich von der ödipalen Mutter lösen und seine Sexualität etwas freier genießen. Da er nun nicht mehr so stark unter dem verinnerlichten ödipalen Verbot litt, mußte er vor ihm auch nicht mehr auf den frühen Trennungsschmerz zurückweichen und ihn dadurch verschlimmern. So konnte er, gestärkt durch die Abschwächung des ödipalen Konflikts, den nun weniger schreckenden Trennungsschmerz zulassen. Er konnte dies wohl auch, weil er sich nach seiner psychischen Annäherung an den Vater eher davor geschützt sah, seiner

(27) Pietzcker (1974), S. 142 ff.
(28) Brecht (1975), S. 65; 1920.
(29) Hartmann (1982); Pietzcker (1974), S. 288–359.
(30) Hartmann (1982), S. 46 f.

unbewußten Sehnsucht nach der Mutter und so auch dem Trennungsschmerz zu verfallen.[31] Er mußte ihn nicht mehr lyrisch übertönen.
Mit der Ablösung von den ödipalen Eltern ging die von der elterlichen Klasse, vom bürgerlichen Mittelstand und dessen Normen einher. Nachdem sie vollzogen war, nachdem er in der sozialistischen Bewegung eine neue Zugehörigkeit gefunden hatte und nachdem sein schriftstellerischer Ruhm trotz Verfemung und Exil wuchs, löste auch seine äußere Situation weniger Vereinsamungsgefühle aus. Er konnte sich der Objektwelt und ihren Gesetzen zuwenden und sich gesicherter in ihr bewegen, zumal er im Marxismus ein Instrument gewonnen hatte, das ihm half, sich in ihr zurechtzufinden und auf sie einzulassen, ohne sich ihr, wie sie hier und jetzt war, gänzlich auszuliefern. Als in sich widersprüchliche, sich aus ihren Widersprüchen bewegende, weist sie ja immer schon hinaus über Jetzt und Hier. Die Dialektik ließ ihn die Einheit der Getrennten in der gesellschaftlichen Realität erkennen und als Prozeß weiterdenken.

Zu solch reiferem Verhalten, das die Trennung erträgt, gelangte Brecht allerdings, und das ist wichtig für das Verständnis seiner Alterslyrik, nur dort, wo er die nötige Distanz wahren konnte und selbst nicht allzu stark betroffen war. Andernfalls erwachte die frühe Trennungsangst wieder und mit ihr sein altes Abwehrverhalten. Grundsätzlich hatte sich seine psychische Struktur nicht gewandelt. Noch als Fünfundfünfzigjähriger notiert er:

„In mein Arbeitszimmer tretend, traf ich die Geliebte heute mit einem jungen Mann an. Sie saß neben ihm auf dem Sofa; er lag, etwas verschlafen. [. . .] Erst zwei Tage darauf, als wir mehr oder weniger wortlos [. . .] nebeneinander gearbeitet hatten, fragte sie, ob ich über sie ärgerlich sei. Ich warf ihr vor, sie schmiere sich an ihrer Arbeitsstätte mit den nächstbesten Männern herum. [. . .] Ich finde, daß ich die Achtung für sie verloren habe; sie kommt mir billig vor. Nicht ohne Erleichterung konstatiere ich das völlige Verschwinden meiner Verliebtheit."[32]

Wenn auch nicht mehr so heftig, hier verhält er sich wie früher gegen Bie: Aus Trennungsangst antwortet er mit Rückzug und Erniedrigung. Soweit er sich im Bereich der Dichtung und des gesellschaftlich-politischen Verhaltens von der alten Struktur auch freimachen konnte, wo er unmittelbar und schmerzlich betroffen war, lebte sie wieder auf.
Das läßt uns seine Altersgedichte besser verstehen. Fern vom Schock unmittelbarer Betroffenheit, am Schreibtisch, hinter dem Fenster und draußen auf dem Land läßt Brecht seinen frühen Trennungsschmerz zu. In einer Lyrik, die der gegenwärtigen Geliebten nahezu keinen und den wenigen anderen Objekten nur geringen Raum zugesteht und sie wie die Gefühle weitgehend abstrahiert, öffnet er sich behutsam der Sehnsucht nach Einheit. Jene Öffnung, der eine lange psychische Entwicklung vorausging, findet ihren Ort im umgrenzten Raum von Gedichten, die der verletzlichen Sehnsucht Raum geben und sie schützen. Diese hochartifiziellen, mit nahezu mathematischer Präzision durchgeformten Gebilde wehren die Angst ab, von frühen Vereinigungswünschen und den ihnen folgenden Trennungsschmerzen über-

(31) Hartmann (1982), S. 47.
(32) Brecht (1975), S. 237. Wie heftig Brecht betroffen war, können wir an seiner Fehlleistung ablesen: Er schrieb dies frühestens zwei Tage, nachdem er die beiden angetroffen hatte. Doch für ihn war dies immer noch „heute": „traf ich die Geliebte heute". – Diese Deutung setzt allerdings voraus, daß die Notiz im Druck korrekt wiedergegeben wurde.

schwemmt zu werden. Deshalb kann Brecht in ihnen Wunsch und Schmerz zulassen und ertragen – in der geringen Dosis wenigstens, die solch ein abstrahierendes und epigrammatisch verknapptes Gedicht gestattet. Daß der Trennungsschmerz aber noch zu spüren ist und brennt, gibt dieser Lyrik ihren Schmerz und ihr Glück.

VI

Der Wandel von Brechts Lyrik verdankt sich entscheidend auch der politischen Entwicklung. Im Jahr 1948 – damals kristallisierte sich der neue Stil heraus – kehrt Brecht nach Ostberlin zurück. Die Schrecken des Kriegs und die Unannehmlichkeiten des Exils hatten ein Ende gefunden. Nun schrieb er nicht mehr in radikaler Opposition gegen seine kapitalistische Umwelt. Erstmals wußte er sich in Übereinstimmung mit den entscheidenden politischen Tendenzen. Die 1949 gegründete DDR, in der das Privateigentum an den wichtigsten Produktionsmitteln aufgehoben war, ging die ersten Schritte hin zur sozialistischen Gesellschaft. Die Zukunft öffnete sich. Er konnte Hoffnung schöpfen und sich in Einheit mit seiner Umwelt erfahren. Seine Lyrik hellte sich auf, benannte „Vergnügungen“[33] und trat bejahend für ein besseres Deutschland ein:

> „Anmut sparet nicht noch Mühe
> Leidenschaft nicht noch Verstand
> Daß ein gutes Deutschland blühe
> Wie ein andres gutes Land“[34]

Nun standen nicht mehr Leiden und Angriff im Vordergrund, sondern Selbstbesinnung und Aufbau.
Zu dieser neuen Einheit gehörten jedoch zahlreiche Trennungen. Noch im Exil hatte er gefragt:

> „Die Vaterstadt, wie empfängt sie mich wohl?
> Vor mir kommen die Bomber. Tödliche Schwärme
> Melden euch meine Rückkehr. Feuersbrünste
> Gehen dem Sohn voraus.“[35]

Es wird keinen liebevollen Empfang in der Vaterstadt geben. Der Sohn, der hinter den Bombern kommt, wird getrennt von ihr bleiben. Er kehrte dann auch nicht nach Augsburg zurück, sondern nach Ostberlin. Und diese beiden Städte, damit aber auch seine Vergangenheit und seine Gegenwart, waren getrennt, ja zerrissen:

> „Deutschland 1952
>
> O Deutschland, wie bist du zerrissen
> Und nicht mit dir allein!
> In Kält' und Finsternissen
> Läßt eins das andre sein.

(33) w. a. 10, 1022.
(34) w. a. 10, 977.
(35) w. a. 10, 858.

Und hätt'st so schöne Auen
Und reger Städte viel;
Tät'st du dir selbst vertrauen
Wär alles Kinderspiel."[36]

Hier im nationalen Raum sieht Brecht das Unglück im Gegenbild zur Einheit der Getrennten. Sie sind auseinandergerissen und nicht wie die beiden Rudernden als letztlich Eines 'mit sich allein'. Nicht mehr aufeinander beziehen sie sich, sondern eins läßt „das andre sein". So leiden sie in „Kält' und Finsternissen" wie in der frühen Lyrik das Subjekt und dessen Bilder. Doch anders als früher wird das Leiden beklagt, und eine bessere Zukunft scheint immerhin möglich.
An diesen Versen läßt sich erkennen, daß der gesellschaftliche Raum die Gestaltung jener utopischen Einheit der Getrennten bedingt. Der Blick auf den nationalen Raum gestattet sie in der Zeit der deutschen Teilung nicht, wohl aber der auf den umgrenzten Raum der DDR. Dort kann jene Einheit in einer 'glücklichen Begegnung'[37] sogar real erfahren werden.
Aber immer nur als utopische. Zuviel trennt noch vom Ziel, vom vollendeten Sozialismus. Die schlimme Vergangenheit wirkt nach, in der Einheit wird die Trennung sichtbar. Dies zeigt das Gedicht

„Der Einarmige im Gehölz

Schweißtriefend bückt er sich
Nach dem dürren Reisig. Die Stechmücken
Verjagt er durch Kopfschütteln. Zwischen den Knieen
Bündelt er mühsam das Brennholz. Ächzend
Richtet er sich auf, streckt die Hand hoch, zu spüren
Ob es regnet. Die Hand hoch
Der gefürchtete SS-Mann."[38]

Schon beginnen wir mitzufühlen, da erinnert uns seine Geste an die Vergangenheit, an ihre frühere Bedeutung: „das land ist immer noch unheimlich"[39]. Doch auch mit der neuen, der zukunftweisenden Kraft, mit der SED, gelangte Brecht nicht zu ungetrübter Einheit. Anläßlich der ‚Kriegsfibel' und des ‚Verhörs des Lukullus' bekam er Schwierigkeiten wegen seines Pazifismus. Und Differenzen im Bereich der Kulturpolitik ließen sich nicht leugnen. Dennoch wußte er sich dem neuen Staat in kritischer Solidarität verbunden. So schmerzlich manche Konflikte auch waren, in der gesellschaftlichen Realität blieben die Einheit der Getrennten und das Gefühl einer offenen Zukunft erhalten.
Diese Einheit wurde durch die Ereignisse um den 17. Juni auf die Probe gestellt. Im August 1953 vermerkte Brecht im Arbeitsjournal:

„der 17. juni hat die ganze existenz verfremdet. in aller ihrer richtungslosigkeit und jämmerlicher hilflosigkeit zeigen die demonstrationen der arbeiterschaft immer noch, daß hier die aufsteigende klasse ist. nicht die kleinbürger handeln, sondern die arbeiter. ihre losungen sind

(36) w. a. 10, 1005.
(37) Siehe w. a. 10, 1000; o. S. 51.
(38) w. a. 10, 1013.
(39) Bertolt Brecht: Arbeitsjournal 2 (1973), S. 1017; 1954.

verworren und kraftlos, eingeschleust durch den klassenfeind [. . .]. und doch hatten wir hier die klasse vor uns, in ihrem depraviertesten zustand, aber die klasse. alles kam darauf an, die erste begegnung voll auszuwerten. [. . .] als große ungelegenheit, kam die große gelegenheit, die arbeiter zu gewinnen. deshalb empfand ich den schrecklichen 17. juni als nicht einfach negativ."[40]

Die Existenz des Marxisten ist „verfremdet". Der selbstverständlich gewordene Zustand der Entfremdung, die wirkliche Entfernung des privilegierten Schriftstellers von den Arbeitern, tritt an dem „schrecklichen 17. juni" ins Bewußtsein; die Einheit von Arbeiterklasse und Partei ist zerrissen. Die „große gelegenheit" wurde nicht genutzt, Panzer und Gewehre waren keine Mittel, „die arbeiter zu gewinnen". Die Einheit einer sozialistischen Gesellschaft ist nicht zu spüren. Dennoch verzweifelt Brecht nicht, sondern entdeckt noch in den Demonstrationen, deren Losungen seiner Meinung nach durch den Klassenfeind eingeschleust waren, „die aufsteigende klasse", die Hoffnung auf bessere Zukunft. So ist für ihn die Einheit zwischen ihm und der DDR, den Arbeitern und der SED dennoch nicht gänzlich zerrissen, so wenig er die Widersprüche auch leugnet.
Diese prekäre Einheit, die er sich als marxistischer Beobachter noch bewahren konnte, war für ihn als einen einzelnen, der für seine Worte einzustehen hatte, noch zusätzlich gefährdet. Er hatte am 17. Juni an Walter Ulbricht geschrieben:

„Die Geschichte wird der revolutionären Ungeduld der sozialistischen Einheitspartei Deutschlands ihren Respekt zollen. Die große Aussprache mit den Massen über das Tempo des sozialistischen Aufbaus wird zu einer Sichtung und Sicherung der sozialistischen Errungenschaften führen. Es ist mir ein Bedürfnis, Ihnen in diesem Augenblick meine Verbundenheit mit der sozialistischen Einheitspartei auszusprechen."[41]
„Im ‚Neuen Deutschland' erscheint nur der letzte Satz des Briefes [. . .], der im Westen als Glückwunschtelegramm anläßlich der gewaltsamen Unterdrückung des Aufstands der Arbeiter am 17. Juni interpretiert wird."[42]

Seine versteckt distanzierte („revolutionäre Ungeduld") Aufforderung zur Aussprache mit den Massen – „Höre beim Reden!" –, zur Selbständigkeit der Getrennten also, wurde verschwiegen. Es erschien nur der Ausdruck der Verbundenheit: von der kritischen Solidarität nur die Solidarität. Schon am 23. Juni erhielt Brecht freilich Gelegenheit, seinen Standpunkt im ‚Neuen Deutschland' darzulegen:

„Ich habe am Morgen des 17. Juni, als es klar wurde, daß die Demonstrationen der Arbeiter zu kriegerischen Zwecken mißbraucht wurden, meine Verbundenheit mit der Sozialistischen Einheitspartei Deutschlands ausgedrückt. Ich hoffe jetzt, daß die Provokateure isoliert und ihre Verbindungsnetze zerstört werden, die Arbeiter aber, die in berechtigter Unzufriedenheit demonstriert haben, nicht mit den Provokateuren auf eine Stufe gestellt werden, damit nicht die so nötige große Aussprache über die allseitig gemachten Fehler von vornherein gestört wird."[43]

---

(40) Bertolt Brecht: Arbeitsjournal 2 (1973), S. 1008; 20. 8. 1953.
(41) Völker: Brecht-Chronik (1971), S. 146.
(42) Völker (1971), S. 147.
(43) Völker (1971), S. 147.

Das war keine Ergebenheitsadresse, sondern eine sehr deutliche Aufforderung, sich den offenen Widersprüchen zu stellen und sie zu nutzen, eine solidarische Aufforderung, die durchaus den Beteuerungen der Partei entsprach.[44] Jener eine Satz aber („Es ist mir ein Bedürfnis, Ihnen in diesem Augenblick meine Verbundenheit mit der sozialistischen Einheitspartei auszusprechen"), in seiner Isolation eine Verfälschung des Briefes an Ulbricht, stempelte Brecht zum vorbehaltlosen Parteigänger der Panzer. Auf diese Verfälschung wies er öffentlich nicht hin, sei es, um die SED in einer so schwierigen Situation nicht noch weiter zu belasten, sei es, um sich die verlockende Möglichkeit zu sichern, ein eigenes Theater aufzubauen. So wurde er im Westen angegriffen, auch von seinen Freunden. Ein Schweizer Journalist beschreibt seine hilflosen Rechtfertigungsversuche:

„Das war das einzige Mal, daß ich ihn hilflos, fast klein gesehen habe: als er das zerlesene, offenbar oft vorgezeigte Original jenes Briefes eifrig aus der Tasche zog."[45]

Offen ließ er damals keinen Protest verlauten, doch für die Schublade schrieb er das Gedicht

„Die Lösung

Nach dem Aufstand des 17. Juni
Ließ der Sekretär des Schriftstellerverbands
In der Stalinallee Flugblätter verteilen
Auf denen zu lesen war, daß das Volk
Das Vertrauen der Regierung verscherzt habe
Und es nur durch verdoppelte Arbeit
Zurückerobern könne. Wäre es da
Nicht doch einfacher, die Regierung
Löste das Volk auf und
Wählte ein anderes?"[46]

Die Wechselseitigkeit zwischen Gleichen ist auch hier das Muster politischer Lösung. Die ironische Umkehr der Machtverhältnisse denunziert den Aberwitz zumindest der Position jenes Sekretärs, wenn nicht mittelbar auch den der Regierung. Diesen Angriff veröffentlichte Brecht damals nicht. So blieb er seinen Freunden im Westen gegenüber hilflos, und vor den aufständischen Arbeitern in der DDR, die ihm wohl wichtiger waren, fühlte er sich vermutlich als Verräter, wenn auch vielleicht nur: mißverstanden. Das zeigt das nach dem 17. Juni entstandene Gedicht

„Böser Morgen

Die Silberpappel, eine ortsbekannte Schönheit
Heute eine alte Vettel. Der See
Eine Lache Abwaschwasser, nicht rühren!
Die Fuchsien unter dem Löwenmaul billig und eitel.
Warum?
Heut nacht im Traum sah ich Finger, auf mich deutend

(44) Knopf (1974), S. 182 f.; Thiele (1981), S. 70 ff.
(45) Suter (1956).
(46) w. a. 10, 1008 f.

Wie auf einen Aussätzigen. Sie waren zerarbeitet und
Sie waren gebrochen.

Unwissende! schrie ich
Schuldbewußt."[47]

In der Natur spiegelt sich sein Inneres. Und dieses ließ ihn im Traum seine Schuldgefühle, seine Verteidigungsversuche und seine schwierige äußere Lage erkennen. Die zerbrochenen Finger der Arbeiter zeigen auf ihn „Wie auf einen Aussätzigen", er ist getrennt von ihnen. „Unwissende", verteidigt er sich – sie wissen ja nicht, wie er sich wirklich verhalten hat – und gesteht sich doch eine Schuld ein.

VII

Blicken wir zurück, so können wir erkennen, daß Brecht sich durch die Ereignisse um den 17. Juni 1953 von der SED, den Arbeitern und den Freunden im Westen getrennt sah, daß er Aggressionen und Schuldgefühle entwickelte, sich mit dem neuen Staat aber dennoch eins wußte. Die bisherige Einheit wurde nicht zerstört, doch die Trennung verschärfte sich. Die Struktur seines Verhaltens hielt aber durch. In dieser Situation zog er sich mit seiner Lyrik auf die beglückende Phantasie von der Einheit der Getrennten zurück und ließ den wiederbelebten Trennungsschmerz vorsichtig zu. Das konnte er wagen, weil er im Gang seiner psychischen Entwicklung Ich-Stärke gewonnen hatte, vermutlich aber auch, weil sein Ich nun von außen gestärkt wurde: Nach den langen Jahren des Exils, in denen er kaum Anerkennung hatte finden können, genoß er nun als Schriftsteller hohes Ansehen und Privilegien, die ihm Ruhe, Rückzug und Besinnung erst möglich machten. So schrieb er, gestärkt und erschüttert zugleich, seine wohl bekanntesten Altersgedichte, die ‚Buckower Elegien'. Zu ihnen gehören u. a. „Rudern, Gespräche" und „Tannen".
Es sind Gedichte, geschrieben in einer Zeit zumindest gesellschaftlichen Stillstands. Als Motto schickte Brecht ihnen voraus:

„Ginge da ein Wind
Könnte ich ein Segel stellen.
Wäre da kein Segel
Machte ich eines aus Stecken und Plane."[48]

Doch es geht da offensichtlich kein Wind: Flaute. „Der Wind geht nimmer in sein Segel", sagte einer von Baal, als sein Ende nahte.[49] Dem Dichter fehlt politischer Rückenwind. Doch er drängt weiter. Seine Ungeduld selbst in solcher Situation stellt er in „Der Radwechsel" dar, dem Eingangsgedicht der ‚Buckower Elegien':

---

(47) w. a. 10, 1010. Thiele (1981), S. 99, vermutet, „Böser Morgen" beziehe sich nicht auf den 17. Juni, sondern auf den Gegensatz zwischen den privilegierten Künstlern und den Arbeitern, die den Sozialismus mit ihrer Hände Arbeit aufbauen. Das läßt sich nicht gänzlich ausschließen, ist aber wenig wahrscheinlich, schon weil Brecht dem Gedicht in den ‚Buckower Elegien' seinen Ort kurz hinter „Die Lösung" zuwies.
(48) w. a. 10, 1009.
(49) w. a. 1, 58.

„Ich sitze am Straßenrand
Der Fahrer wechselt das Rad.
Ich bin nicht gerne, wo ich herkomme.
Ich bin nicht gerne, wo ich hinfahre.
Warum sehe ich den Radwechsel
Mit Ungeduld?“[50]

Nirgends fühlt er sich wohl, mit nichts fühlt er sich eins, nicht mit dem Vergangenen, nicht mit dem Künftigen und nicht mit dem Hier und Jetzt: „Mit Ungeduld“ drängt er weiter. Und doch läßt er in diesem kurzen erzwungenen Halt, im Übergangszustand zwischen Vorher und Nachher neben aller Schärfe der Trennung im Nachsinnen über sein Weiterdrängen vielleicht auch eine Hoffnung aufkommen.
Motto und Eingangsgedicht lassen die schmerzlich erneuerte Ohnmachts- und Trennungserfahrung spüren, auf welche die ‚Buckower Elegien‘ antworten. Der „schreckliche 17. juni [. . .] hat die ganze existenz verfremdet“. Brecht verarbeitet dies in seinen Elegien mit dem Rückzug auf Trennungs- und Einheitsphantasien, auf die Vertrautheit von Mensch und Natur, auf die Ruhe des Gartens und des Beisichselberseins in Erinnerung und Reflexion.[51] Doch so wenig er dabei den Trennungsschmerz durch Phantasien der Verschmelzung, der Größe oder der Gleichgültigkeit verdeckte, so wenig verdeckte er auch den 17. Juni. Das Gedicht „Die Lösung“, das ihn aggressiv benennt, folgt als drittes unmittelbar auf „Der Blumengarten“, ein Gedicht, das die freundlich-idyllische Melodie der Elegien anspielt. Und schon als sechstes folgt „Böser Morgen“, wo Blumen und Bäume des Gartens nach dem 17. Juni häßlich erscheinen. Nicht abgeschlossener Fluchtraum sind diese Gedichte also, sondern ein Rückzugsort, der offen bleibt zur schmerzlichen Gegenwart.
Angesichts solcher Gegenwart sind die ‚Buckower Elegien‘ ein Ort der Selbstvergewisserung, der Selbstbesinnung, ein Ort, an dem sich das in seiner Existenz verfremdete Subjekt vor der völligen politischen Vereinnahmung ebenso schützt wie vor der verzweifelten Abkehr von Politik und Gesellschaft. Brecht hat sich aus dem unmittelbaren Konflikt mit den Objekten, mit der Wirklichkeit der DDR zurückgezogen und überlebt nun in Distanz zu und so auch in Berührung mit ihnen. Auch diese Haltung stellen die ‚Buckower Elegien‘ dar:

„Eisen

Im Traum heute Nacht
Sah ich einen großen Sturm.
Ins Baugerüst griff er
Den Bauschragen riß er
Den eisernen, abwärts.
Doch was da aus Holz war
Bog sich und blieb.“[52]

---

(50) w. a. 10, 1009.
(51) Im Arbeitsjournal (S. 1009) nennt er diese Verfremdung und die Elegien gemeinsam: „20. 8. 53 – buckow. TURANDOT. daneben die BUCKOWER ELEGIEN. der 17. juni hat die ganze existenz verfremdet.“
(52) w. a. 10, 1012.

Brecht 'bog sich und blieb'. Er bewahrte sich im Rückzug auf frühe Phantasien. Ja mehr noch, gerade mit ihnen bewahrte er auch seinen utopischen Anspruch auf die Einheit der Getrennten, auf eine menschenwürdige Gesellschaft: Holz zum künftigen Bau des Sozialismus. So ist sein Zurückweichen auf die frühen narzißtischen Phantasien von Trennung und Einheit und sein Ausweichen vor der traumatisierenden Gegenwart, bei aller unausgesprochenen Kritik am verschwimmenden Blick dessen, der die Einheit phantasiert, zugleich eine schöpferische Antwort, ein Schritt nach vorn.[53] Das gilt allgemein für seine späten Gedichte, besonders aber für die ‚Buckower Elegien'.

VIII

Nun läßt sich verstehen, warum Brecht in seiner Alterslyrik so häufig Phantasien nachgeht, die das Kind im Umgang mit der Mutter, in Ablösung und Annäherung ausbildet. An ihnen gewinnt er ein Maß für Glück oder Unglück, Menschlichkeit oder Unmenschlichkeit gesellschaftlichen Verhaltens. Sogar ganz bewußt nimmt er in dem 1952 entstandenen Gedicht „Glücklicher Vorgang" eine Mutter-Kind-Interaktion zum Modell einer gesellschaftlichen:

> „Glücklicher Vorgang
>
> Das Kind kommt gelaufen
> Mutter, binde mir die Schürze!
> Die Schürze wird gebunden."

Dem läßt er ein weiteres Gedicht folgen:

> „Unglücklicher Vorgang
>
> Hier ist ein Haus, das für euch gebaut ist.
> Es ist weit. Es ist dicht.
> Es ist gut für euch, tretet ein.
> Zögernd nähern sich
> Zimmerleute und Maurer
> Klempner und Glaser."[54]

„Glücklicher Vorgang": Das Kind, das sich von der Mutter entfernt hatte, läuft zu ihr, bittet um Hilfe und erhält sie. Mit dieser selbstverständlichen Hilfeleistung wird für einen kurzen Augenblick die Verbundenheit der eben noch voneinander Entfernten sichtbar. Zu ihr gehört auch das Vertrauen des Kindes; Vertrauen auf der Grundlage eines vom Kind verinnerlichten mütterlichen Zwanges freilich. Das

---

(53) Mit dem Rückzug auf narzißtische Phantasien geht bei Brecht das Zurückweichen auf orale Genüsse einher. Er belebt Genüsse und Ängste jener frühen Stufe der Triebentwicklung wieder, die zu Beginn der psychischen Ablösung des Kindes von der Mutter dominierten. Essen, Füttern und (von der Mutter) Gefüttertwerden werden in seiner Spätlyrik zum Modell menschlichen Lebensvollzugs, des Genusses (z. B. w. a. 10, 1031; 1005), des richtigen oder des falschen Verhaltens (z. B. ebd. 1011), aber auch der Bedrohung (z. B. ebd. 1015).
(54) w. a. 10, 1004.

Kind bittet die Mutter ja, ihm die Schürze zu binden, die Spielschürze doch wohl, die es tragen muß, um sich sauber zu halten. Von sich aus käme ein Kind zunächst nicht darauf, Körper und Kleider durch eine Schürze vor Schmutz zu bewahren. Da muß es zuvor schon der mütterlichen Sauberkeitsdressur unterworfen sein. Das wird hier vorausgesetzt, ohne daß Brecht sich dessen bewußt wäre: Nun bittet das Kind von sich aus, daß die Mutter ihm bei dem hilft, wozu sie es gezwungen hatte. Dressur gelungen – der muttergebundene, angepaßte Berthold Eugen lugt hinter dem Schürzenzipfel hervor. Bei allem verinnerlichten Zwang ist dies jedoch auch ein Vorgang kindlichen Vertrauens. Dagegen „Unglücklicher Vorgang": So selbstverständlich das Kind zur Mutter gelaufen kam, so selbstverständlich nähern die Bauleute sich nicht dem Staat oder der Partei, die ihnen ihrer eigenen Hände Werk anbieten, so nähern sie sich nicht einmal diesem Werk selbst. Ihr Mißtrauen, das sich generationenalter Erfahrung von Klassenherrschaft verdankt, wird auf die Ebene des Mißtrauens eines Kindes gerückt, das von seiner Mutter nichts anzunehmen wagt, weil es zu oft enttäuscht wurde, weil es also die Trennung erfahren mußte und Abhängigkeit fürchtet. Das Gedicht ist nicht gänzlich gelungen; denn die Bauleute wären, denken wir in diesem Bild weiter, auch die Mutter. Sie haben das Haus, das sie bekommen sollen, ja selbst gebaut. Dann wären sie Kind und Mutter zugleich. Das Verhältnis von Staat, Bauleuten und Haus läßt sich mit dem einfachen Modell der Kind-Mutter-Interaktion nicht angemessen darstellen. Daß Brecht dieses Modell dennoch wählte, zeigt, wie wichtig es ihm war, oder sagen wir es deutlicher: wie sehr er emotional, von seiner eigenen psychischen Struktur her, daran gebunden war. So sehr, daß es sogar den wahrlich gewitzten marxistischen Denker ein Stück weit ausmanövrierte.

Das vorödipale Mutter-Kind-Verhältnis, das noch keinen Vater kennt, dient Brecht zum Modell gesellschaftlichen Verhaltens. Die Arbeitenden z. B. sollen sich zu ihrem Werk verhalten wie die liebevoll sorgende Mutter zu ihrem Kind:

„Das Werk, es will euch beschenken
Ruft euch und ist bereit
Müßt für es schaffen und denken
Daß es euch wächst und gedeiht.

Das Kind liegt in der Wiegn
Es ruft zur Mittagstund
Muß Milch und Weißbrot kriegn
Da wird es groß und rund.
Das Kind, es kann nicht klein bleiben
Auch wenn es selber wollt
Das ist, warum es so laut ruft
Daß ihr ihm Milch geben sollt."[55]

Der Aufbau der sozialistischen Gesellschaft erscheint im Bild mütterlicher Fürsorge für ein aufwachsendes Kind, das nicht unter der Trennung leiden muß. So erhält gesellschaftliches Handeln einfache Anschaulichkeit und emotionale Grundierung. –

(55) w. a. 10, 998.

Aus dem mit der Mutter verbundenen Glück des Kindes leitet Brecht dann auch den Glückswillen der Erwachsenen ab:

„Und weil uns unsere Mütter
Nicht für das Leid geborn
Haben wir alle gemeinsam
Glücklich zu leben geschworn."[56]

An solchen Texten läßt sich erkennen, daß Brecht das Mutter-Kind-Verhältnis auch bewußt einsetzte. Zumeist gibt es allerdings den unbewußten Untergrund und die Struktur seiner Gedichte ab. Verbundenheit ist dort die wechselseitige Offenheit der Getrennten, letztlich die vertrauensvolle Mutter-Kind-Beziehung, z. B. in

„Wie es war (2)

Deine Sorge war meine Sorg
Meine Sorg war deine
Hattest du eine Freud nicht mit
Hatt' ich selber keine."[57]

Nähe ist hier Offenheit zum anderen, fast eine Einheitsphantasie, doch „deine" und „meine Sorg" bleiben bei aller Verschränkung getrennt. Das ist die Freiheit von jenem Mißtrauen, das den 'armen B. B.' in die Gleichgültigkeit zwang und dazu, seine Umwelt zu beherrschen und als kalt zu erfahren.
Wer den Trennungsschmerz nicht fürchtet, kann sich öffnen und die Zuwendung des anderen angstfrei als Geschenk annehmen. So ist Glück in Brechts später Liebeslyrik das Glück, beschenkt zu werden:

„Als ich nachher von dir ging
An dem großen Heute
Sah ich, als ich sehn anfing
Lauter lustige Leute.

Und seit jener Abendstund
Weißt schon, die ich meine
Hab ich einen schönern Mund
Und geschicktere Beine.

Grüner ist, seit ich so fühl
Baum und Strauch und Wiese
Und das Wasser schöner kühl
Wenn ich's auf mich gieße."[58]

Offen gegenüber dem Geliebten hat die Liebende sich verwandeln lassen und erfährt nun auch die Objektwelt als verwandelt. Sie konnte dieses Geschenk annehmen, ohne mit dem Geliebten einswerden zu müssen: „Als ich nachher von dir ging." Gerade aus der Distanz wendet sie sich ihm fröhlich zu wie Bidi seiner Bie.

---

(56) w. a. 10, 998.
(57) w. a. 10, 1030.
(58) w. a. 10, 993.

Gerade in der Distanz, in der durchgespielten und phantasierend bewältigten Trennung, versichern die Liebenden sich ihrer Einheit:

„Sieben Rosen hat der Strauch
Sechs gehör'n dem Wind
Aber eine bleibt, daß auch
Ich noch eine find.

Sieben Male ruf ich dich
Sechsmal bleibe fort,
Doch beim siebten Mal, versprich
Komme auf ein Wort."[59]

Die Fähigkeit, Distanz zu halten, sie auszuhalten und sich nicht in den Mittelpunkt drängen zu müssen, läßt hier, gerade weil die Trennungsangst noch im Hintergrund spukt, das Glück phantasierter Einheit zu. So sicher ist er dieser Einheit, daß er es wagen kann, voll Lust sechsmal die prickelnde Angst zu erproben, die Geliebte könne ihn verlassen, um beim siebten Mal das Glück der Einheit um so befreiter zu genießen.
Ohne Trennungsangst, doch untergründig von ihr bedroht, öffnet das Subjekt dieser Gedichte sich der Objektwelt und erfährt sie als Geschenk:

„Ach, wie sollen wir die kleine Rose buchen?

Ach, wie sollen wir die kleine Rose buchen?
Plötzlich dunkelrot und jung und nah?
Ach, wir kamen nicht, sie zu besuchen
Aber als wir kamen, war sie da.

Eh sie da war, ward sie nicht erwartet.
Als sie da war, ward sie kaum geglaubt.
Ach, zum Ziele kam, was nie gestartet.
Aber war es so nicht überhaupt?"[60]

Anders als in der frühen Lyrik, anders als z. B. in „Vom armen B. B." muß das Subjekt sich nun nicht mehr angstvoll behaupten und sich, aber auch die kalte Welt, in deren Mittelpunkt es drängt, kontrollieren oder untergehen lassen. Ohne Angst, abhängig und damit verletzbar zu werden, kann es sich der Objektwelt und seinen eigenen Wünschen nach Passivität öffnen und sogar die „kleine Rose" als unerwartetes Geschenk entgegennehmen, das nicht sichernd einzuordnen, nicht zu „buchen" ist. Auch hier: Das erstaunende Erwachen aus der alten angstbestimmten Haltung läßt die neu erfahrene Welt im beglückenden Licht unerwarteter Zuwendung erscheinen. Und Brecht, der sonst für zielbewußtes Handeln eintritt, kann nun schreiben: „Ach, zum Ziele kam, was nie gestartet. Aber war es so nicht überhaupt?"
Voraussetzung solcher Glückserfahrung, das suchte ich zu zeigen, ist die Fähigkeit, Trennung zu ertragen. Brecht führte sie in „Schwierige Zeiten"[61] vor: Der alte Mann

(59) w. a. 10, 994.
(60) w. a. 10, 1020.
(61) w. a. 10, 1020; s. o. S. 49.

in Ostberlin verzichtet darauf, im Bild der Holderbeeren seine Augsburger Jugend wieder heraufzuholen. Im Schwanken zwischen der Sehnsucht nach Einheit seines Lebens und zwischen seiner Situation hier und jetzt, erkennt er seine Gebrechen und sein Alter an: Er zögert, seine Brille zu holen. Eine noch schwierigere Trennung ist die letzte, der Tod. Seine Anerkennung bedeutet Anerkennung der eigenen Ohnmacht und Passivität, Anerkennung der Trennung schlechthin. Sie ist Voraussetzung dafür, auch noch sterbend, in der endgültigen Trennung also, die Einheit mit der Objektwelt angstfrei zu erfahren und sich ihrer zu freuen. Diese in eines ihrer Extreme getriebene Einheit der Getrennten bestimmt Brechts vermutlich letztes Gedicht

> „Als ich in weißem Krankenzimmer der Charité
>
> Als ich in weißem Krankenzimmer der Charité
> Aufwachte gegen Morgen zu
> Und die Amsel hörte, wußte ich
> Es besser. Schon seit geraumer Zeit
> Hatte ich keine Todesfurcht mehr. Da ja nichts
> Mir je fehlen kann, vorausgesetzt
> Ich selber fehle. Jetzt
> Gelang es mir, mich zu freuen
> Alles Amselgesanges nach mir auch.“[62]

Mit zwanzig Jahren hatte es der von Herzattacken Geängstigte nötig, sich einen Totenkopf ins Zimmer zu stellen, um zu beweisen, daß er keine Angst vor dem Tod habe.[63] Später hatte ihm die philosophische Erkenntnis des Lukrez geholfen. Er hatte „keine Todesfurcht mehr. Da ja nichts/ Mir je fehlen kann, vorausgesetzt/ Ich selber fehle“: Nachher ist Schluß. Nun aber öffnet sich die Perspektive zur Zukunft. Sogar angesichts des Todes „Gelang es mir, mich zu freuen/ Alles Amselgesanges nach mir auch.“ Das ist nicht mehr jene Phantasie, im auflösenden Tod zu verschmelzender Einheit zu kommen, die er in „Vom ertrunkenen Mädchen“ gestaltet hatte: „Dann ward sie Aas in Flüssen mit vielem Aas“. Die Amsel, die jetzt singt, wo der Sterbenskranke erwacht, sie wird auch nach seinem Tode unabhängig, getrennt von ihm singen. Und dessen sich zu freuen gelingt ihm. Mit dem eigenen Tod nimmt er auch die Welt an und wird sogar sterbend noch fähig zum Glück, zu einem elegischen Glück, wie es uns in seiner späten Lyrik vielfach begegnet. „Jetzt/ gelang es mir, mich zu freuen/ Alles Amselgesanges nach mir auch.“

IX

Schauen wir zurück: In einer Zeit, in der er sich von den Normen der Klasse, welcher er entstammte, weitgehend gelöst hatte, konnte Brecht in seiner Alterslyrik den wiederbelebten Trennungsschmerz zulassen und mit ihm Phantasien früher Einheit. In dieser Zeit fühlte er sich eins mit dem neuen Staat und doch vielfach von ihm ge-

(62) w. a. 10, 1031.
(63) Banholzer (1981), S. 107.

trennt. Die schlimme Vergangenheit ragte noch in die Gegenwart herein, und die sozialistische Gesellschaft war in der nahen Zukunft nicht zu erreichen. Er zog sich aus der Unmittelbarkeit der Konflikte auf das Schreiben zurück und umspielt dort berichtend, benennend, kommentierend, erinnernd und reflektierend in Landschaft, Gesellschaft, Geschichte und Liebe die frühe und immer noch utopische Einheit der Getrennten – eine Trauerarbeit im Medium der Poesie, in welcher er sich erinnernd seiner Sehnsucht nach jener frühen Einheit überließ, trauerte, daß sie gegenwärtig nicht mehr zu finden war, auf sie angesichts der Realität verzichtete und sie gerade deswegen ohne Angst vor Abhängigkeit und Trennungsschmerz wieder erfahren konnte. So ließ er seine frühen Glücksphantasien zu und hielt sie dennoch auf Distanz, gab sich ihnen hin und saß zugleich draußen am Ufer – wie der alte Mann, der vom Land aus hinüberblickt zu den beiden nackten jungen Männern, sie sprechen und rudern sieht, in ihnen das Glück jugendlicher Sinnlichkeit und Einheit genießt, selbst aber auf dem Trockenen bleibt, bei all seiner hochentwickelten Intellektualität träumend, sinnend, einsam, sicher und fern:

„Es ist Abend. Vorbei gleiten
Zwei Faltboote, darinnen
Zwei nackte junge Männer: nebeneinander rudernd
Sprechen sie. Sprechend
Rudern sie nebeneinander."

Literatur

a) Brecht:

Brecht, Bertolt (1967): Gesammelte Werke. werkausgabe. Frankfurt/M., 20 Bde.

Brecht, Bertolt (1973): Arbeitsjournal. Frankfurt/M., 2 Bde.

Brecht, Bertolt (1975): Tagebücher 1920–1922. Autobiographische Aufzeichnungen 1920–1954. Frankfurt/M.

b) zu Brecht:

Baacke, Dieter und Heydrich, Wolfgang (1973): Glück und Geschichte. Anmerkungen zur Lyrik Bertolt Brechts. In: Text + Kritik. Sonderband Bertolt Brecht II. München, S. 5–19.

Banholzer, Paula (1981): So viel wie eine Liebe. Der unbekannte Brecht. Erinnerungen und Gespräche. Hrsg. v. Poldner, P. und Eser, W., München.

Bödeker, Peter (1978): ‚Die Lösung'. In: Ausgewählte Gedichte Brechts mit Interpretationen. Hrsg. v. Walter Hinck. Frankfurt/M., S. 129–133.

Dittberner, Hugo (1973): Die Philosophie der Landschaft in Brechts Buckower Elegien. In: Text + Kritik. Sonderband Bertolt Brecht II. München, S. 54–65.

Ducke, Gerold (1977): ‚Böser Morgen'. Brecht nach dem 17. Juni. In: Berliner Hefte, H. 4, S. 30–33.

Hamburger, Michael (1978): ‚Schwierige Zeiten'. In: Ausgewählte Gedichte Brechts mit Interpretationen. Hrsg. v. Walter Hinck. Frankfurt/M., S. 147–151.

Hildebrand, Alexander (1966): Bert Brechts Alterslyrik. In: Merkur 20, S. 952–962.

Kersten, Paul (1973): Bertolt Brechts Epigramme. Anmerkungen zu einigen Kurzgedichten. In: Text + Kritik. Sonderband Bertolt Brecht II. München, S. 66–73.

Knapp, Gerhard P. (1973): Welt und Wirklichkeit. Zur späten Lyrik Bertolt Brechts. In: Text + Kritik. Sonderband Bertolt Brecht II. München, S. 41–53.

Knopf, Jan (1974): Bertolt Brecht. Ein kritischer Forschungsbericht. Fragwürdiges der Brecht-Forschung. Frankfurt/M.

Kraft, Werner (1970): ‚Der Radwechsel‘ von Bertolt Brecht. In: Begegnungen mit Gedichten. 60. Interpretationen. Zusammengestellt u. hrsg. v. Walter Urbanek. Bamberg, S. 237–239.
Marsch, Edgar (1974): Brecht-Kommentar zum lyrischen Werk. München.
Mennemeier, Franz Norbert (1971): Bertolt Brecht als Elegiker. In: Der Deutschunterrricht 23, (1971), H. 1, S. 59–73.
Müller, Joachim (1966): Zu einigen späten Spruchgedichten Brechts. In: Orbis Litterarum 20, H. 1, S. 66–81.
Müller, Joachim (1974): Epik, Dramatik, Lyrik. Analysen und Essays zur deutschsprachigen Literatur. Halle/Saale.
Schuhmann, Klaus (1968): Themen und Formenwandel in der späten Lyrik Brechts. In: Weimarer Beiträge. Brecht-Sonderheft, S. 39–60.
Schuhmann, Klaus (1973): Untersuchungen zur Lyrik Brechts. Themen, Formen, Weiterungen. Berlin, Weimar.
Schwarz, Peter Paul (1978): Lyrik und Zeitgeschichte. Brecht: Gedichte über das Exil und Späte Lyrik. Heidelberg.
Suter, Gody (1956): Brecht. Pinselstriche eines Porträts. In: Tagesanzeiger, Zürich, 1. 9. 1956.
Thiele, Dieter (1980): Brecht und der 17. Juni 1953. In: Aktualisierung Brechts. Hrsg. v. Wolfgang Fritz Haug, Klaus Pierwoß und Karen Ruoff. Berlin, S. 84–100.
Thiele, Dieter (1981): Bertolt Brecht. Selbstverständnis, Tui-Kritik und politische Ästhetik. Frankfurt/M., Bern.
Völker, Klaus (1971): Brecht-Chronik. Daten zu Leben und Werk. München.
Völker, Klaus (1976): Bertolt Brecht. Eine Biographie. München, Wien.
Weber, Albrecht (1971): Zu Liebesgedichten Bert Brechts. In: Interpretationen zur Lyrik Brechts. Hrsg. v. R. Hirschenauer u. A. Weber. München, S. 57–87.
Weinrich, Harald (1978): ‚Eisen‘. In: Ausgewählte Gedichte Brechts mit Interpretationen. Hrsg. v. Walter Hinck. Frankfurt/M. S. 134–138.
Wiese, Benno von (1978): ‚Liebeslieder‘ vom späten Brecht. In: Ausgewählte Gedichte Brechts mit Interpretationen. Hrsg. v. Walter Hinck. Frankfurt/M. S. 118–122.

c) psychoanalytisch zu Brecht:
Hartmann, Hans (1982): Von der Freundlichkeit der Weiten oder Auf der Suche nach der verlorenen Mutter. Der junge Brecht. In: Bertolt Brecht – Aspekte seines Werkes, Spuren seiner Wirkung. Schriften der Philosophischen Fakultäten der Universität Augsburg (Seitenangaben nach dem ungedruckten Typoskript).
Matt, Peter v. (1976): Brecht und der Kälteschock. In: Neue Rundschau 87, S. 613–629.
Pietzcker, Carl (1974): Die Lyrik des jungen Brecht. Vom anarchischen Nihilismus zum Marxismus. Frankfurt/M.

d) Psychoanalyse:
Henseler, Heinz (1976): Die Theorie des Narzißmus. In: Die Psychologie des 20. Jahrhunderts. Bd. II: Freud und die Folgen (1). Hrsg. v. Dieter Eicke. Zürich, S. 459–477.
Rotmann, Michael (1978): Über die Bedeutung des Vaters in der 'Wiederannäherungs-Phase'. In: Psyche 32, S. 1105–1147.

Professor Carl Pietzcker, Reichsgrafenstr. 14, 7800 Freiburg

Wolfram Mauser

Peter Handke: ‚Wunschloses Unglück' – erwünschtes Unglück?

Handkes ‚Wunschloses Unglück' wird nicht, wie in der Sekundärliteratur üblich, als authentischer Bericht des Autors gedeutet, vielmehr wird der Ich-Erzähler als Figur verstanden, die stellvertretend für den Autor eine konflikthaft belastete Mutter-Sohn-Beziehung vergegenwärtigt. Die Auswahl der Aussagen über die Mutter und die Art und Weise, wie über sie berichtet wird, sind für den Ich-Erzähler nicht weniger aufschlußreich als über sie. – Grundsätzliche Überlegungen zur Literaturpsychologie begleiten die einzelnen Deutungsschritte. Grunderkenntnisse der Psychoanalyse (Mutter-Kind-Dyade) dienen als Suchformel bei der Beurteilung von Text-Befunden.

Die vorliegenden Untersuchungen zu Handkes ‚Wunschlosem Unglück' bemühen sich vor allem darum, das Biographische der „Erzählung" hervorzuheben. Der „Fall" (11)[1] scheint eindeutig zu liegen: Handkes Mutter hat einundfünfzigjährig Selbstmord begangen. Der Sohn – inzwischen Autor – trägt aus seiner Erinnerung zusammen, was er über seine Mutter ausfindig machen kann. Es entsteht das Bild einer Frau, die aus einer Welt sozialer Unterdrückung kommt und erste Schritte der Selbstverwirklichung zu gehen versucht, im ganzen erfolglos. Sie löst sich zunächst aus dem engen, ländlich-bäuerlichen Dasein, ohne freilich in ein anderes hineinwachsen zu können. Der Inhalt dieses Lebens: Das uneheliche Kind (der Autor) von einem Mann, den sie liebt, den aber die Zeitumstände wieder von ihr wegführen; die Ehe mit einem deutschen Unteroffizier, die mehr durch eine Wette als durch irgendeine Form der Gemeinsamkeit zustande kommt; ein Alltag häuslicher Pflichten; mehrere Abtreibungen und dennoch vier Kinder; ein betrunkener Mann, der sie prügelt; die enttäuschte Hoffnung, in Berlin Fuß fassen zu können; wieder in Kärnten ein sich verflachendes Dasein; allein die Lektüre von Büchern bringt zeitweise Aufhellung für die Phantasie. „Als Frau in diese Umstände geboren zu werden, ist von vornherein schon tödlich gewesen" (17). Unsicherheit der Gefühle, Unterdrükkung der Leidenschaft und Angst vor Sexualität gehören ebenso zu diesem Leben wie kleinbürgerliche Enge, die Abhängigkeit von den Konventionen und die Flucht in eine vorgeprägte Typologie des Denkens und Verhaltens. Die Anpassung bringt zwar Schutz vor sich und den anderen, aber sie verhindert auch den Ausbruch aus diesen Verhältnissen.

---

(1) Zitate aus Handkes ‚Wunschlosem Unglück' werden nach der Ausgabe: Frankfurt/M. 1974 (suhrkamp taschenbuch 146) in Klammern nachgewiesen. – Weiterführendes Schrifttum zur Literaturpsychologie und zu deren kritischer Bewertung: Bernd Urban und Winfried Kudszus: Psychoanalytische und psychopathologische Literaturinterpretation. Darmstadt 1981, S. 1–22 (Ars interpretandi, Bd. 10).

Die Erzählhaltung und die Form wurden mehrfach besprochen. Zum einen beherrsche den Bericht ein deutlicher Rhythmus von Anpassung und Auflehnung (Widerstand)[2], eine Balance von Individuellem und Allgemeinem, eine Ausgewogenheit von Realismus und Parteilichkeit. Erreicht werde dieser „Realismus mit pragmatischer Begründung“[3] durch das poetische Verfahren. „Als nicht-fiktiver Ich-Erzähler kann [der Autor] bruchlos sich selbst als Vermittlungs-Instanz einführen. Dadurch wird dem poetischen Verfahren die Authentizität verliehen, die für sich immer nur die Formen begrifflicher Analysen oder mimetischer Verfahren in Anspruch nehmen zu können glauben.“[4] Nacherzählung und literarisches „Ritual“ seien gleichermaßen vermieden. Die Verbürgtheit des Faktischen und die Fiktionalität des Poetischen seien durch die „radikale Subjektivität“ der Erzählweise sichergestellt.[5] Dazu gehörten die Reflexionen aufs eigene Erzählen ebenso wie die „unheimlichen Signale der sprachlichen und menschlichen Verfremdung.“[6] Durzak sieht den „paradoxen Glücksfall“ der Erzählung darin, daß sie „nicht arrangierte Fiktion, sondern authentisch“ sei, und als „Teil der eigenen Geschichte“ existentielles Gewicht besitze.[7]

Ich teile die Meinung, daß der Erzählung die faktische Biographie der Mutter zugrunde liegt und daß der Autor mit dem Bericht über die Mutter Wichtiges über sich selbst artikuliert. Haben wir es aber wirklich mit einem „nicht-fiktiven Ich-Erzähler“ zu tun? Sind der Autor und der Ich-Erzähler – wie die Forschung zum größten Teil annimmt – tatsächlich identisch? Was an der Erzählung ist authentisch? Worin liegt das Biographische? In den Tatsachen? Aber sind diese nicht schon allein durch die Auswahl auf bestimmte Weise zugerichtet? Und was sagen sie als Fall-Geschichte über das Besondere der Mutter aus? Ist die Fallgeschichte das den Erzähler Bewegende? Aber wozu eine Fallgeschichte, wenn es – zumindest auch – um die Geschichte des Erzählers geht? Oder liegt das Biographische/Authentische in der Psychostruktur der Mutter? Aber werden nicht auch die psychischen Reaktionen der Frau, soweit der Erzähler sie herausanalysiert, prototypisch gesehen? Und woher weiß der Erzähler eigentlich so viel – vor allem aus der frühen Zeit – über das Gefühlsleben der Mutter? Und weiß er am Ende wirklich mehr über ihr Leben und über ihren Tod? Schreibt er sich wirklich an sie heran? Oder nicht vielmehr an sich selbst? Was sagt er (ungewollt? unbewußt?) über sich selbst aus? Die „Angststürme“ (99) am Ende – ist dies der Schreibertrag des Autors? Bleibt Handke selbst mit „interesselosem, objektivem Entsetzen“ (99) zurück? Sehr viele Fragen sind also ungeklärt.

---

(2) Walter Weiss: Peter Handkes ‚Wunschloses Unglück‘ oder Formalismus und Realismus in der Literatur der Gegenwart. In: W. Kudszus/H. C. Seeba (Hrsg.): Austriaca. Festschrift für Heinz Politzer. Tübingen 1975, S.448.
(3) Weiss, Handke (Anm. 2), S. 454.
(4) Manfred Mixner: Peter Handke. Kronberg 1977 (Athenäum Taschenbuch 2131), S. 182.
(5) Mixner, Handke (Anm. 4), S. 183.
(6) Weiss, Handke (Anm. 2), S. 450.
(7) Manfred Durzak: Gespräche über den Roman. Formbestimmungen und Analysen. Frankfurt/M. 1976 (suhrkamp taschenbuch 318), S. 362. – Vgl. Gustav Zürcher: Leben mit Poesie.In: Peter Handke. München [4]1978 (text+kritik 24/24a), S. 54.

Zum literaturpsychologischen Ansatz

Fragen nach den tieferen Schichten des Textes, nach vorhandenen, aber verdeckten Zusammenhängen, nach den eigentlichen Motivationen (möglicherweise neben vorgeschobenen) und nach den inneren Anteilen des Autors am Gestalteten können mit den herkömmlichen philologischen Methoden nicht oder nur sehr ungenau und theoretisch unabgesichert beantwortet werden. Ich halte es aber für möglich, mit Hilfe von Erkenntnissen der Psychoanalyse hier Licht in schwierige Zusammenhänge zu bringen.

Dazu einige Vorüberlegungen: Im Zuge der Erneuerung des literaturpsychologischen Interesses nach dem Zweiten Weltkrieg ist es in Deutschland zur Ausbildung unterschiedlicher Ansätze und Fragestellungen gekommen. Gesichtspunkte der Produktion und der Rezeption stehen dabei neben grundsätzlichen Fragen nach dem, was Kreativität sei bzw. was sie fördere oder behindere. Für jede dieser Fragerichtungen gilt es zu prüfen, was durch die Anwendung psychoanalytischer Kategorien am literarischen Werk eigentlich erfragt werden soll und wie dies geschehen kann. Die folgenden Hinweise beziehen sich auf den Aspekt der Produktion, des Herstellens, des Zustandekommens – mit der Leitfrage: Können Erkenntnisse über die Zusammenhänge und die Hintergründe der Entstehung eines Werkes dazu beitragen, dieses besser zu verstehen? Ich meine, daß dies so sei, und ich halte es auch für wichtig, den Aspekt des besseren *Werk*verständnisses besonders zu betonen. In einer Reihe von Studien, die sich als literaturpsychologisch bezeichnen, geht es eigentlich nicht um *literatur*psychologische Fragestellungen, sondern um psychoanalytische Fallstudien, in denen die Analyse des Autors bei Gelegenheit eines literarischen Werkes im Vordergrund steht. In solchen Untersuchungen wird häufig das psychoanalytische Modell – meist in der Freudschen Konzeption – sozusagen über den Autor gestülpt. Der Aussagewert von Textstellen und Informationen zur Biographie des Autors werden nicht weiter unterschieden. Die Kennzeichnung komplizierter Konflikte und Krisen erfolgt dabei mithilfe charakteristischer Schlagwörter (Ödipus-Komplex, Narzißmus, Kastrationsangst, Penisneid usw.). Soll dies das Ergebnis einer psychoanalytisch orientierten *Literatur*betrachtung sein? Einsichten in die Psyche des Autors oder in den Schaffenszusammenhang, in dem der Autor zu einem bestimmten Zeitpunkt stand, können nicht das Erkenntnisziel, sondern immer nur Zwischenschritte auf ein vertieftes und umfassenderes Verständnis des Werkes hin sein.

Es gehört zu den Grundannahmen literaturpsychologischen Fragens, daß der Text die psychische Struktur des Autors nicht einfach abbildet oder spiegelt, sondern daß er das Ergebnis einer – meist konflikthaften – Auseinandersetzung des Autors mit Ungelöstem, Widersprüchlichem, Kontroversen ist. In welcher Art und Weise diese Auseinandersetzung erfolgt, ist von Fall zu Fall zu klären. Abwehr, Verdrängung und Verschiebungen können dabei ebenso im Spiel sein wie die vielen Formen der Idealisierung und der Sublimierung. Ein besserer Einblick in die inneren Entstehungszusammenhänge eines Werkes kann dazu beitragen, scheinbar Unverbundenes, Unzusammenhängendes, Unmotiviertes usw. als etwas Begründetes zu verstehen, das in der Textur des Werkes eine bestimmte Funktion erfüllt.

Ein literaturpsychologischer Ansatz kann nach der Psyche fiktiver Figuren im Werk, aber auch nach der psychischen Struktur des Autors in Hinblick auf das Werk fragen, oder nach beidem. Ich halte es für wichtig, die Gesichtspunkte nicht zu vermengen, sondern in der Abfolge des Fragens klar voneinander zu trennen. Die Frage nach der Psychologie fiktiver Figuren bzw. von Figurenkonstellationen kann erheblich zu einem differenzierten Verständnis des Werkes beitragen. Solche Versuche sind selbstverständlich nicht neu, sie können jedoch einen höheren Grad an Evidenz und Überzeugungskraft gewinnen, wenn sich zeigen läßt, daß die Ergebnisse mit Erkenntnissen der psychoanalytischen Theorie übereinstimmen.
Schwieriger ist die Frage nach dem Zusammenhang von Autorpsychologie und Werk. Die Schwierigkeiten sind vielfältiger Art. Zum einen ist es in der großen Mehrzahl der Fälle kaum möglich, Informationen über die innere Biographie eines Autors beizubringen. Briefe und Tagebücher, die häufigsten Quellen, sind nur bedingt verwertbar, da private oder halbprivate Äußerungen die tiefere Schicht der Motive, Impulse, Widersprüche, Konflikte usw. nicht weniger verbergen als ein Werk der Fiktion. Im Gegenteil: Im Bereich des Erfundenen äußern sich Autoren nicht selten unverhüllter als in privaten Zeugnissen. So ließe sich zeigen, daß die fiktiven Teile in Max Frischs Tagebüchern in Hinblick auf die Konflikte und Probleme, die den Autor beschäftigen, aufschlußreicher sind als die Tagebuchaufzeichnungen, die sich zur Sache oder zu aktuellen Fragen äußern. Allein diese Beobachtung zeigt, wie problematisch es wäre, von persönlichen Zeugnissen unmittelbar auf das Werk zu schließen.
Ich bin der Meinung, daß man an vielen literarischen Werken – sicher nicht an allen – die Auseinandersetzung des Autors mit Widersprüchen, Problemen und Konflikten erkennen kann. Wenn es zutrifft, daß Komplexe, Neurosen, Phobien usw. nicht unvermittelt in das Werk übertragen werden, sondern daß das Werk Produkt des Umgangs mit Konflikten ist, die damit im Zusammenhang stehen, dann kann der Interpret nicht nach Komplexen, Neurosen und Phobien des Autors fragen, sondern nur nach der Art und Weise, wie er mit solchen Problemen umgeht.
Auf die Frage, ob und auf welchem Wege der Umgang mit Psychischem in diesem Sinne ermittelt werden kann, läßt sich nicht ein Rezept angeben, aber doch ein Verfahren vorschlagen, das in vielen Fällen zu Ergebnissen führt. Für die Literatur seit dem 18. Jahrhundert, ganz besonders aber für die Literatur dieses Jahrhunderts kann gelten, daß das Gestaltungsprinzip und die Gestaltungsmittel nicht das Ergebnis einer Anwendung normativ gesetzter Regeln sind, sondern in mehr oder weniger großem Ausmaß dem Aussage- und Ausdrucksbedürfnis des Autors entsprechen. Trotz unterschiedlicher Stilrichtungen bleibt dem Autor ein hohes Maß an Eigenentscheidung über das, was er an Darstellungsmitteln in Hinblick auf den Gegenstand für angemessen hält. Ohne hier eine Ästhetik der modernen Dichtung entwerfen zu können, sei doch festgehalten, daß bestimmte Grundsätze als allgemein akzeptiert gelten können: die Durchgängigkeit des zugrunde gelegten Strukturierungsprinzips, die Gleichgerichtetheit der formalen Mittel, die innere Folgerichtigkeit der Zusammenhänge.
Wenn man darüber hinaus die Tatsache in Rechnung stellt, daß Probleme, Widersprüche und Konflikte, die den Menschen beschäftigen, auch dann in seinem Spre-

chen und Schreiben Spuren zurücklassen, wenn er diese zu vermeiden und zu verdecken sucht, so liegt der Versuch nahe, nach solchen Spuren im Text Ausschau zu halten. Solche Signale im Text deuten möglicherweise an, daß das im Sinne des zugrunde gelegten Formprinzips glatt Gestaltete eine konflikthafte Tiefendimension besitzt, die an der Oberfläche nicht oder nicht ganz aufgehoben ist. Das in diesem Sinn Auffallende[8] kann sehr unterschiedlicher Art sein (Merkwürdiges, Ungewöhnliches, Unstimmiges, Widersprüchliches usw.). Man kann davon ausgehen, daß das Auffallende nicht absichtlich einmontiert wurde, sondern Ausdruck weitgehend unbewußt wirkender seelischer Dispositionen ist, die den kreativen Vorgang zwar nicht stören, im Werk aber doch ihre Spuren hinterlassen. Solche Rauhstellen des Textes sind in der Regel ein Anzeichen dafür, daß der Text hinter den zunächst leicht erkennbaren Zusammenhängen eine weitere, oft verdeckte Dimension besitzt. Ein Deutungsverfahren, das an solchen Rauhstellen die Sonde insistierender Fragen ansetzt, hat eine bessere Chance, die Gesamtstruktur des Textes zu erhellen als ein interpretatorisches Vorverständnis, das vom Geglätteten, Harmonisierten, Ausbalancierten, kurz: vom Stimmigen her Indizien für das richtige Textverständnis sucht. Es versteht sich, daß sich ein solches Verfahren an jedem Text aufs Neue zu bewähren hat.
Fragen, wie sie eingangs gestellt wurden, richten über das Geklärte und Unumstrittene hinaus den Blick auf einen – in der Regel unbewußt – verdeckten Begründungszusammenhang, der ohne solches Nachfragen gar nicht in den Blick kommen kann. Handkes ‚Wunschloses Unglück' ist ein Text, an dem sich verdeutlichen läßt, was ein literaturpsychologischer Ansatz dieser Art zu leisten vermag.

Der Ich-Erzähler

Handke nennt das Buch eine „Erzählung". Er gibt es also als Fiktion aus. So wie er die Darstellung anlegt, versucht er andererseits, den Eindruck zu erwecken, als handle es sich um einen ganz authentischen Bericht über den Tod seiner Mutter bzw. seinen Versuch, die Lebensgeschichte der Mutter zu rekonstruieren. Dabei reflektiert er seine eigene Arbeitssituation mit (er nennt sein Schreiben ausdrücklich „Arbeit", 7). Doch es ist die Frage, ob diese Reflexionen über die Erzählweise, die offenbar die Aufgabe haben, die Verbürgtheit des Berichts zu bekräftigen, im wörtlichen Sinne zu verstehen sind. Zunächst fällt auf, daß der Erzähler (der Autor?) seine Absicht, das Leben der Mutter zu erkunden, auf ungewöhnliche Art begründet. Was er als Schreibintention ausgibt (er wisse mehr über ihr Leben als andere; er wolle es zu einem Fall machen; er lebe auf, wenn er etwas zu tun habe, 10–11), entkräftet er mit dem fast gleichzeitigen Hinweis auf die Beliebigkeit der Gründe (11).

(8) Ich bin mir darüber im klaren, daß damit ein subjektives Element des Lesers ins Spiel kommt. Dies kann nicht anders sein, wenn man methodisch davon ausgeht, daß sich der Anstoß für ein selbständiges Weiterfragen aus der Lektüre ergibt. Im übrigen bezieht sich der Vorschlag, bei den Überlegungen zum Text von Auffälligem auszugehen, heuristisch auf die Abfolge der Argumentationsschritte; er zielt nicht auf subjektivistisch-willkürliche Auslegungen des Werkes.

Nach dem Begräbnis der Mutter berichtet er über seine „ohnmächtige Wut“ und über „das Bedürfnis, etwas über (seine) Mutter zu schreiben“ (98). Er gibt keine Gründe für seine „Wut“ an, außer daß er sich „verhöhnt“ und „ganz hilflos“ (98) vorkomme. Warum „verhöhnt“ und „hilflos“? Sind Verletzbarkeit und Hilflosigkeit nicht Indizien für Dahinterliegendes, das ungeklärt geblieben ist? (bleiben soll?) Der Erzähler stellt nur kurz fest: „Es stimmt nicht, daß mir das Schreiben genützt hat“ (99). Am Schluß äußert er sich noch einmal zu seinem Unternehmen: „Später werde ich über das alles Genaueres schreiben“ (105). Es ist offenkundig: Der Erzähler, der hier spricht, schreibt nicht aus „beliebigen“ Gründen, und die eingangs genannten sind wohl nicht die wirklichen. Ist durch das Schreiben etwas in ihm in Bewegung geraten? Schafft sich das Motiv des Schreibens erst langsam Raum? Am Schluß kann der Erzähler nicht mehr verbergen, daß er selbst Teil der Geschichte ist. Allein schon die Unstimmigkeiten seiner Äußerungen zum Schreib-Motiv sind ein Indiz dafür, daß unterhalb der Schicht des ‘Falles’ eine Macht im Spiel ist, die die Geschichte mitschreibt. Das Ich, daß hier berichtet, ist nicht das eines Chronisten, der einfach nacherzählt. Indem er formuliert, deutet er, geht etwas in die Person der Mutter ein, das ihr vermutlich nicht zugehört. Seine Erzählhaltung – die beabsichtigte nicht weniger als die tatsächliche – ist also Teil des Textes. Dieser Ich-Erzähler ist aber nicht identisch mit dem Autor. Daran ändert die Verwendung wirklichen oder vermeintlich authentischen Materials aus der Biographie der Mutter wenig. Über das, was der Autor vor, während und nach der Niederschrift der Erzählung dachte und fühlte, wissen wir nichts. Dies zu wissen, ist auch nicht entscheidend. Das einzige, was wir mit Sicherheit sagen können, ist die Tatsache, daß der Autor hier einen Ich-Erzähler Elemente aus der Biographie der Mutter auswählen und so erzählen läßt, wie die erinnernde und zugleich verarbeitende Phantasie des Autors es zuläßt, wünscht, befürchtet, erhofft, für wahrscheinlich hält. Wir können auch nicht sagen, ob der Autor nach Abschluß des Buches in einer ebenso widersprüchlichen Situation zurückgeblieben ist wie der Ich-Erzähler. Was als Text vorliegt, ist nicht eine Art Autobiographie, sondern eine künstlerisch gestaltete, auf Sinn-Vergegenwärtigung hin verdichtete Erzählung, die mehr ist als eine Ansammlung und Auswertung von Fakten. Dazu noch mehr im letzten Abschnitt. Für die weitere Erörterung genügt es, zunächst festzuhalten, daß Handke hier den Ich-Erzähler anhand von Material aus der Biographie der Mutter und aus seiner eigenen die Erfahrung machen läßt, als Kind und als Heranwachsender in der Abhängigkeit einer solchen Frau, solcher Eltern gelebt zu haben.

Die Angst

Was der Ich-Erzähler aus dem Leben dieser sozial benachteiligten Frau mitteilt, ist ohne Zweifel wissenswert. Nicht weniger sind es die soziologischen und psychosoziologischen Deutungen, die er vornimmt. Sie leuchten ein. Dies aufgrund ihrer inneren Evidenz, aber auch aufgrund der Suggestivkraft, die von der sprachlichen Gestaltung ausgeht. Für den inneren Zusammenhang der Erzählung ist aber ungleich aufschlußreicher, welches Ausmaß und welche Art von Emotionen bei dem Versuch

im Spiel sind, die Lebensgeschichte der Mutter zu erinnern und festzuhalten.
Es gibt eine Reihe von Stellen, an denen die Gefühle des Ich-Erzählers zur Sprache kommen, unmittelbar oder verdeckt. Auf direkte Äußerungen des Ich-Erzählers über seine Gefühle komme ich zurück. Zunächst wähle ich eine Stelle – eine Rauhstelle –, an der der Ich-Erzähler als der Betroffene über die Ängste von damals auf eine eigentümlich distanzierte Weise berichtet.
Nachdem die Mutter den trunksüchtigen Mann im Gasthaus ausfindig gemacht und er ihr bei der Rückkehr schadenfroh den Rest des Geldes gezeigt hatte, trägt sich folgendes zu:

„Schläge, unter denen sie wegtauchte; sie redete nicht mehr mit ihm, stieß so die Kinder ab, die sich in der Stille ängstigten und an den zerknirschten Vater hängten. Hexe! Die Kinder schauten feindselig, weil sie so unversöhnlich war. Sie schliefen mit klopfendem Herzen, wenn die Eltern ausgegangen waren, verkrochen sie sich unter die Decke, sobald gegen Morgen der Mann die Frau durch das Zimmer stieß ... 'Du Vieh! Du Vieh!', wobei er sie dann richtig schlagen konnte, worauf sie ihn nach jedem Schlag kurz auslachte." (57/58)

In den isolierten Sätzen am Schluß des Buches taucht die Situation wieder auf: „Todesangst, wenn man in der Nacht aufwacht, und das Licht im Flur brennt" (102), also Streit der Eltern bevorsteht. Schon in Berlin gehörte es zur Erfahrung des Kindes, daß der Stiefvater seine Mutter schlug. Warum lösen die Schläge des Vaters, die gar nicht den Kindern gelten, „Todesangst" aus? Es ist denkbar, daß der Sohn Gewalt-Erfahrungen im Familienkreis zu Phantasien umgearbeitet hatte, die er nun angsthaft auf sich selber bezog. Der Anblick physischer Bedrohung war für ihn jedenfalls das sichtbare, an der Atmosphäre spürbare Zeichen dafür, daß in der Beziehung zwischen Vater und Mutter jene gefühlsmäßige Bindung fehlte, an die sich das Kind hätte halten können. Darüber hinaus scheint der Ich-Erzähler in dem oben zitierten Abschnitt die Urszenen-Erfahrung[9] verhüllt wiederzugeben. Der Sohn kann sie nicht als solche verstehen, aber die Erfahrung, der benachteiligte Dritte, der Ausgeschlossene zu sein, gewinnt in ihr zusätzliche Evidenz und verstärkt seine Angst. Aber auch die anderen Personen seiner Umgebung stehen ihm fern. Der leibliche Vater des Ich-Erzählers, den er erst nach der Matura kennenlernt, weist auf der einzigen Ferienreise, die er mit ihm macht, immer wieder darauf hin, daß dies sein Sohn sei, aber nicht wegen der besonderen Bindung, die er zu ihm empfindet, sondern aus der Angst, daß sie für Homosexuelle gehalten werden. Der Stiefvater existiert für ihn nur als der Mann der Mutter. So heißt für ihn, über den Tod der Mutter nachdenken, vor allem darüber nachzudenken, was die Beziehungen zu Männern und zur Umwelt aus ihr gemacht haben. Die Psychoanalyse kennt das 'Umbau'-Phänomen, d. h. für diesen Fall die Tatsache, daß der Sohn über die verfehlten Männerbeziehungen seiner Mutter spricht, mit dem Hinweis auf das Mißlingen dieser Beziehung im Grunde aber zum Ausdruck bringen möchte, daß ihm der Vater fehlte, der ihn zur Ausbildung von Männlichkeit hätte anleiten können. Allem Anschein nach haben seine Ängste sehr viel mit der Beziehung zur Mutter zu tun. Was er zu berichten auswählt, ist auffällig, so zum Beispiel der Hinweis, daß seine Mutter als Kind noch empfinden konnte: „Ich fühle mich" (20). So wird die Frage nach

(9) Sigmund Freud: Gesammelte Schriften, Bd. 11, S. 77.

der Mutter zur Frage nach dem, was aus diesem „Ich fühle mich" geworden ist. Der Ich-Erzähler macht deutlich, daß alle ihre Erfahrungen darauf hinausliefen, daß dieses Ich-Gefühl unterdrückt, gekränkt, verletzt, bis auf Reste zerstört wurde. Pflicht, Scham, Konvention, Entpersönlichung, Bedürfnislosigkiet, Arbeitsfreude, Sparlust, Reinlichkeitszwänge gehörten ebenso zu diesem Leben wie die Verflüchtigung der Zärtlichkeit zum Wohlgefallen, einen 'Kavalier' zu haben (38), wie die beruhigende Gewißheit, dem anerkannten Bild eines Typus zu entsprechen, wie die Legitimation ihres Lebens durch Tätigsein für andere, die diese 'Fürsorge' immer weniger brauchten oder sie mißbrauchten. Die Krankheitssymptome, die sich im fortgeschrittenen Alter zeigten, erscheinen dem Ich-Erzähler als Ausdrucksformen einer psychischen Deformation, deren Folgen gelindert, die aber nicht mehr beseitigt werden können. Sie war leicht zu erniedrigen, weil sie sich immer mehr daran gewöhnt hatte, Erniedrigung als das ihr Gemäße hinzunehmen. Ausdrücklich vermerkt der Ich-Erzähler, daß die Mutter bei geringer werdender Arbeitslast mit Hilfe von Literatur („sie las mit mir mit", 67) so etwas wie ein Selbstgefühl zu entwickeln begann (67 ff.).

Doch es reichte ihr nicht mehr dazu, sich selbst neu zu denken. Die Literatur, die sie dabei immer auf sich selbst bezog, machte ihr vielmehr bewußt, daß es „dafür inzwischen zu spät war" (68). Die Bemühungen der Mutter, mit Hilfe von Literatur sich zu orientieren, und der Anblick einer „fleischgewordenen animalischen Verlassenheit" (77) bringen den Ich-Erzähler der Mutter näher. In Augenblicken spürt er, daß er an ihr teilnimmt. Spaziergänge werden möglich. Und dennoch reist er ab. Er führe „schon zu sehr ein eigenes Leben" (86). Es ist ihm wichtiger, an einer Geschichte weiter zu schreiben, als sich um sie zu kümmern. Könnte er das? Die Frage wird im letzten Abschnitt wieder aufgegriffen.

Mutter und Sohn

Für das Verständnis dessen, wie die Angst des Ich-Erzählers und sein Interesse für die Gefühlswelt der Mutter zusammenhängen, ist es nützlich, Erkenntnisse der Psychoanalyse zur Mutter-Kind-Dyade einzubeziehen. Wenn auch die Meinungen von Psychoanalytikern zur Frage der Mutter-Kind-Beziehungen in Einzelpunkten voneinander abweichen, so gilt doch als allgemein anerkannt, daß die psychische Konstitution und das Verhalten der Mutter von großer Wichtigkeit für das heranwachsende Kind sind. Dies trifft in ganz besonderer Weise dort zu, wo, wie im vorliegenden Fall, die Vater-Sohn-Beziehung gestört ist, zumindest von der üblichen Konstellation abweicht. Diese Störung hat zur Folge, daß sich der Sohn in noch stärkerem Maß auf die Mutter verwiesen sieht. Sie wird eine noch wichtigere Vermittlerin zwischen dem Kind und der Realität als sonst. Freud ging zunächst davon aus, daß „das Vermissen der geliebten (ersehnten) Person"[10] – das ist in der Regel die Mutter

(10) „Szene der sexuellen Beziehung zwischen Eltern, die beobachtet oder aufgrund bestimmter Anzeichen vom Kind vermutet und phantasiert wird. Es deutet sie im allgemeinen als einen Akt der Gewalt von seiten des Vaters." Laplanche/Pontalis: Das Vokabular der Psychoanaly-

– beim Kind Angst auslöse, d. h., daß sich die unbefriedigte Libido direkt in Angst verwandle. Die neuere Forschung differenziert stärker. Sie hält vor allem daran fest, daß die Mutter dem Kind primär als gute *und* als böse erscheint. Das völlig abhängige Kind erfährt durch sie die Befriedigung seiner Bedürfnisse, die Befreiung von Spannungsgefühlen. Das Kind macht aber auch die Erfahrung von Entzug und Versagung, wenn die Mutter abwesend ist. Die Introjektion (Verinnerlichung) dieser ambivalenten Erfahrungen trifft zusammen mit dem Wirken des Lebens- und Todestriebes. Auch wenn man an der Existenz dieser von Freud angenommenen Triebe nicht festhält, so bleibt doch die Tatsache, daß es offenbar eine elementare Vernichtungsangst im Menschen gibt, die auf die Gefahr äußerer Bedrohung antwortet, in der sich aber auch die Angst vor den Trieben ausdrückt, die sich gegen das eigene Selbst richten können. Dabei stehen Introjektion und Projektion in ständigem Wechselspiel zueinander. „Äußere Gefahren werden im Lichte innerer Gefahren erlebt und deshalb verstärkt; andererseits verstärkt jede Gefahr, die von außen droht, die immerwährende innere Gefahrensituation."[11] Erst das Vorhanden sein einer elementaren Angst vor Zerstörung macht es verständlich, daß das Kind auf Entzug überstark reagiert; die objektive Gefahrensituation aktiviert die Angst, die aus inner-seelischen Quellen stammt, und erzeugt so das Gefühl völliger Verlassenheit, Todesangst. Es bestehen darüber hinaus keine Zweifel daran, daß Aggressionen, Schuldgefühle, Wiedergutmachungsbedürfnisse, Verfolgungsangst und Sadismus das Lust-Angst-Syndrom im Kind wesentlich mitprägen, worauf hier aber nicht weiter einzugehen ist.

Es ist Aufgabe des Kindes, in den Jahren seiner Entwicklung zu einer Ich-Integration zu finden, zu einem Ausgleich der disparaten Empfindungen, und vor allem zur Fähigkeit zu gelangen, mit angsterzeugenden Bedrohungen fertig zu werden. Da das Kind in fortschreitendem Maße die Mutter nicht mehr nur als Teilobjekt, sondern als ganze Person erlebt, ist es von entscheidender Wichtigkeit, daß im Kontakt mit der Mutter die Liebesgefühle den vielfachen Bedrohungen gegenüber überwiegen. Nur so kann es gelingen, das eigene Selbst zu festigen und die ihm entgegenstehenden Aspekte des Objekts zu integrieren. Die Gewißheit, der Mutter vertrauen zu können, wird der Raum, in dem das Kind Liebe und Haß, Geborgenheitsgefühl und Loslösungsbedürfnis, Rückbindung und Selbständigkeit erfahren und erproben kann.

Die Mutter, über die der Ich-Erzähler hier berichtet, hat die für die Entwicklung des Sohnes entscheidenden Faktoren nicht ausgebildet. Ihr fehlen Selbstvertrauen, Selbstwertgefühl, emotionale Stabilität, die Fähigkeit, Konflikte zu handhaben statt regressiv zu reagieren oder zu verdrängen, und nicht zuletzt die Bereitschaft, auf den anderen einzugehen, ihm zuzuhören, zu eigenen und zu fremden Bedürfnissen sich entsprechend zu verhalten. Wir wissen nicht, ob Handkes Mutter im Bericht 'zutreffend' gezeichnet ist. Tatsache ist, daß der Ich-Erzähler sie so sieht. Wie sollte ein Sohn Gefühlssicherheit lernen, wenn diese der Mutter fehlt? Wie sollte er sich

---

se, Bd. 2, Frankfurt/M. 1973 (suhrkamp taschenbuch wissenschaft 7), S. 576. Den Hinweis auf die Urszene verdanke ich Frederick Wyatt.

(11) Melanie Klein: Das Seelenleben des Kleinkindes und andere Beiträge zur Psychoanalyse. Reinbek 1972 (rororo studium 6), S. 133.

mit ihrem Selbstwertgefühl identifizieren können, wenn sie sich erniedrigt? Wie sollte er Konfliktfähigkeit entwickeln, wenn sie sich im Konfliktfall entzieht oder auf Fragen und Widerspruch durch Auslachen reagiert? Wie sollte er zu Bindungen imstande sein, wenn sie Bindungen nur erleidet und nicht selbstsicher gestaltet? Wie sollte er sich vor ihrem Tod um sie kümmern können, wenn er mit der verinnerlichten Erfahrung lebt, in der Not nicht Zuwendung zu finden, sondern auf sich selbst verwiesen zu sein? Wie sollte er fähig sein, auf die Hilflosigkeit der Mutter anders als sonst, nämlich durch Schreiben, zu reagieren? Wie sollte ein Schreiben, das dem Bedürfnis entspringt, in der schwer gestörten Mutter-Kind-Beziehung Klärung und Distanz herzustellen, keine Spuren dieser Auseinandersetzung tragen? Die Reihe der Fragen könnte fortgesetzt werden.
Der Ich-Erzähler stellt ausgedehnte Überlegungen zur Psyche der Mutter an. Die Frage, was eine solche Mutter im Sohn – dem Ich-Erzähler – anrichtet, wird nicht gestellt. Dabei steht außer Zweifel, daß die psychische Konstitution des Sohnes/Ich-Erzählers entscheidenden Anteil an der 'Deutung' der Mutter hat. Es ist zu erwarten, daß er vor allem das an ihr sieht, was mit seinen Problemen zu tun hat. Zur Klärung dessen, was im Sohn einer solchen Mutter vor sich geht, bietet die Psychoanalyse wichtige Anhaltspunkte. Sie ermöglicht zunächst als Zwischenschritt die Reflexion auf das, was in einer solchen Konstellation üblicherweise zu erwarten ist. Daran kann sich die Beurteilung des Dargestellten orientieren. Sie verhilft dem Interpreten mit anderen Worten dazu, das Spannungsverhältnis zwischen der Ebene der Fallgeschichte und dem, was diese an Spezifischem des Ich-Erzählers mitliefert, zu erkennen, einzuordnen und für die Deutung fruchtbar zu machen.
Es ist aufschlußreich, daß im Ich-Erzähler nicht die ganze Breite der möglichen Defektfolgen einer auf diese Art gestörten Mutter-Sohn-Beziehung wirksam wird. Im wesentlichen sind es zwei Grunderfahrungen, die seine Phantasietätigkeit im Zusammenhang des biographischen Materials steuern. Aus ihnen kommen die meisten seiner Einfälle. Zum einen ist es die Erfahrung, nicht beachtet, d. h. überhört zu werden, zum anderen das Problem des Mißlingens von Beziehungen zwischen Menschen. Dabei ist nicht nur zu beachten, was der Ich-Erzähler an Eigenem zu erkennen gibt, sondern auch, was er an wirklichen und vermeintlichen Erfahrungen der Mutter bemerkt und festhält.

Nicht gehört werden

Zur Welt, aus der die Mutter kommt, gehört „von Anfang an Überhörtwerden, selber immer mehr Weghören, Selbstgespräche" (17). Dieses Grundmuster des Aneinander-Vorbei charakterisiert auch die beiden Ehen der Mutter. Das Nicht-aufeinander-Eingehen, das Unversöhnliche, das Auslachen, das „verbissene Stummsein" (57) charakterisiert diese Welt ebenso wie Verlassenheit und Hilflosigkeit. „Wenn jemand von sich redete, und nicht einfach schnurrig etwas erzählte, nannte man ihn 'eigen'" (51). Und wer so etwas wie eine eigene Geschichte, ein eigenes Gefühl zeigte, 'fremdelte' für die anderen (52); dann sprach man noch weniger. So wie die anderen lernt die Mutter das Sich-voreinander-Ausschweigen. Aber wer schweigt, ent-

hält Leben vor: „So wurde man ausgehungert“ (33). Der Ich-Erzähler berichtet von keiner Episode des Gehörtwerdens, der vertrauensvollen Zuwendung, des Angenommenseins. Die Mutter hatte zwar das Bedürfnis zu „erzählen“, aber wenn sie Persönliches berichtete („die schwächere Hälfte, der ewige Verlierer“), „schüttelte sie sich zwischendurch oft vor Ekel und vor Elend, wenn auch so zaghaft, daß sie beides damit nicht *ab*schüttelte, sondern eher schaudernd wiederbelebte“ (43).
Dem Nicht-Hinhören entspricht die „Sprachlosigkeit“ nicht nur der Figuren, sondern auch des Ich-Erzählers. Für das Entscheidende seiner Erfahrungen findet er keine Bezeichnungen:

„. . . diese Geschichte hat es nun wirklich mit Namenlosem zu tun, mit sprachlosen Schrecksekunden. Sie handelt von Momenten, in denen das Bewußtsein vor Grausen einen Ruck macht; von Schreckzuständen, so kurz, daß die Sprache für sie immer zu spät kommt; von Traumvorgängen, so gräßlich, daß man sie leibhaftig als Würmer im Bewußtsein erlebt. Atemstocken, Erstarren, ‘eine eisige Kälte kroch mir den Rücken hinauf, die Haare sträubten sich mir im Nacken’ – immer wieder Zustände aus einer Gespenstergeschichte.“ (47/48)

Was der Ich-Erzähler Sprachlosigkeit nennt, hat nichts mit allgemeiner Sprachskepsis oder mit dem Unsagbarkeitstopos zu tun. Die Unfähigkeit, das Schreckliche zu sagen, ist Ausdruck von Betroffenheit in Augenblicken, in denen der Ich-Erzähler (im Traum) die Gefühle der Mutter körperlich nah, doppelgängerhaft erlebt und sich mit ihnen identisch fühlt (48). Wo die Sprache fehlt, sind Gefühle des Nächsten das Unmittelbarste und das Fremdeste zugleich. Der Ich-Erzähler reagiert darauf mit dem „äußersten Mitteilungsbedürfnis“ und der „äußersten Sprachlosigkeit“ (48). Das nie erfüllte Bedürfnis, als Kind ernstgenommen und angehört zu werden, ist der Stachel im Fleisch des Sohnes. Sich nach dem Tod der Mutter ihr schreibend nähern zu wollen, ist offenbar ein später, ein letzter Versuch, etwas nachzuholen, was ein Leben lang nicht gelungen war. Es kann auch in dieser Stunde nicht gelingen. Die Spannung, aus der der Sohn schreibt, erklärt sich aus diesem Defizit. Was er als Rechtfertigung ausgibt, relativiert er zurecht als „beliebig“. Denn der eigentliche Drang zu schreiben sitzt tiefer. Der Schmerz des Nicht-Angenommen-Werdens ist nicht artikulierbar, er steht aber als Schreibimpuls hinter dem Bedürfnis, sich dagegen zu wehren. Es ist dies der ihm mögliche Weg zu reagieren. Aber es ist aussichtslos, der „Schreckensseligkeit“ (100) dadurch Herr werden zu wollen, daß man „die Ordentlichkeit eines üblichen Lebenslaufschemas“ fingiert (48). Es überrascht nicht, daß ihn die Anstrengung, die „Arbeit“, sich „zu erinnern und zu formulieren“, Mühe macht, daß er dabei zugleich aber auflebt und daß ihn die Lust, jemandem von der Mutter zu erzählen, ‘richtig aufheitert’ (10–12). Das Schreiben ist für ihn mehr als der Versuch, der Mutter näherzukommen (und in diesem Sinn hat es auch nicht genützt). Es ist für ihn der (wohl einzig mögliche) Weg, gegen die elementare Erfahrung, nicht angenommen, nicht angehört zu werden, anzugehen; es ist der Versuch, sie aufzuheben. Der sich mit dem Blick auf die Mutter an sich selbst heranschreibende Ich-Erzähler ist verständlicherweise ganz allein mit dem Schreiben, das ihm das Wichtigste ist.

Bindungsunfähigkeit

Das andere Problem, das den Ich-Erzähler unablässig beschäftigt, ist die sich wiederholende Erfahrung einer elementaren Bindungsunfähigkeit. Mutter und Vater bzw. Stiefvater sind nicht imstande, sich auf eine Weise aneinander zu binden, die Gemeinsamkeit, Vertrauen und Liebe zum Ausdruck bringt. Ebenso wenig können dies die anderen Menschen seiner Umgebung. Er kennt auch keine Geschwister- oder Freundesbeziehung, die das Fehlende ersetzen könnte. Jedenfalls kommt Derartiges nicht in den Blick. Das Nicht-Gelingen einer Bindung zwischen den Menschen ist offenbar eine besonders nachhaltig wirkende Erfahrung, mit der der Sohn fertig zu werden versucht. Im zwischenmenschlichen Bereich zu versagen, zeigt, daß es nicht gelungen ist, ein sicheres Selbstwertgefühl auszubilden. Die Folge ist emotionale Unsicherheit. Es wurde schon erwähnt, daß der Ich-Erzähler Beziehungsfragen sehr viel Aufmerksamkeit widmet und daß er den Folgen mißlungener Beziehungen gegenüber eine erstaunliche Hellhörigkeit zeigt. Der Sohn erzählt zwar vieles über die Mutter, aber im Grunde bleiben seine Mitteilungen und seine Analysen vordergründig, sie bleiben Vorgeschobenes. Was ihn wirklich bewegt, ist seine eigene Unfähigkeit, Gefühlen zu vertrauen. Wenn es stimmt, was die psychoanalytische Theorie nahelegt, daß der Sohn einer solchen Mutter nur schwer imstande ist, eine Emotionalität auszubilden, die ihn bindungs- und konfliktfähig macht, dann liegt die Vermutung nahe, daß er die Geschichte seiner Mutter nicht deshalb erzählt, weil er mehr über sie weiß, sondern weil ihm das Erzählen die Möglichkeit gibt, sich auf Emotionen einzulassen und sie zugleich abzuwehren. Alle Versuche, der Geschichte der Mutter als 'Fall' objektive Gültigkeit zu geben und mit Hilfe einer psychosoziologischen Interpretation das Zwanghafte und zugleich Objektive ihres Schicksals nachzuweisen, laufen darauf hinaus, die emotionale Betroffenheit beim Tod der Mutter durch Schreiben zu verdrängen.

Auf diese Weise bleibt ihm erspart, über die eigenen Gefühle reden zu müssen. Dabei entgeht dem Leser nicht, daß diese Gefühle sozusagen durch alle Fugen hindurch sichtbar werden. Die behende und gewandte soziologische Deutung der Mutter ist nicht Trauerarbeit, sondern der ihm mögliche und gemäße Ersatz dafür. Man kann vermuten, daß dies der Grund ist, warum er beim Schreiben „von den bereits verfügbaren Formulierungen, dem gesamtgesellschaftlichen Sprachfundus ... statt von den Tatsachen“ ausgeht und aus dem Leben seiner Mutter jene Vorkommnisse „sortiert“, die in diesen Formeln schon vorgesehen waren; denn nur in einer nichtgesuchten, öffentlichen Sprache könnte es gelingen, unter all den nichtssagenden Lebensdaten die nach einer Veröffentlichung schreienden herauszufinden (45). Was – wie er vorgibt – nach Veröffentlichung schreit, ist jedoch die Stimme seiner eigenen Not. Seine Arbeit des Erinnerns und Schreibens erschöpft sich nicht in der Darstellung des 'Falles'. Sie zeigt vielmehr, daß er zwar imstande ist, das biographische Material klug auf das bestehende Erklärungsmuster hin anzuordnen, daß er darüber hinaus aber nicht verbergen kann, wie unauflösbar für ihn die Doppelerfahrung von Distanz und Nähe ist, von soziologisch faßbarem Typ und dem Gefühl 'das ist meine Mutter', von erschreckend-beruhigendem Fremdsein und dem Bedürfnis nach Vertrautheit, die er aber nicht leben kann. Dem Ich fällt es schwer, die Erzäh-

lerrolle durchzuhalten. Offenbar nicht deshalb, weil es sich um die tote Mutter handelt, sondern weil die vorgeschobene Intention, der Mutter näherzukommen, ihn den eigenen Emotionen ausliefert, die zu bewältigen er nicht gelernt hat.
Der tote Körper der Mutter kommt dem Ich-Erzähler entsetzlich verlassen und liebesbedürftig vor (96); ist das nicht ein Indiz für seine eigene Verlassenheit und Liebesbedürftigkeit? Während des Flugs zurück auf die Todesnachricht hin ist er außer sich „vor Stolz, daß sie Selbstmord begangen hatte“, er fühlt sich aufgelöst „in einer knochenlosen Euphorie, gegen die (er) sich nicht mehr wehren kann“ (94); ist das nicht Stolz und Euphorie eines Sohnes, der meinen kann, mit dem Selbstmord der Mutter sei auch das Namenlose, das Fremde, das Schreckhafte, das Grausige, das Atemstocken in ihm getötet? Er fühlt, wie aus der „Schreckensseligkeit“ des Niederschreibens der Geschichte eine „Erinnerungsseligkeit“ (100) entsteht; spricht daraus nicht die Hoffnung, der Freitod der Mutter könne ihn freier machen? Doch dies ist Illusion. Nach der Beerdigung, beim Erwachen aus dem Traum glaubt er – „schlagartig“ – zu erleben, daß er „bei angehaltenem Atem vor Grausen von einer Sekunde zur anderen leibhaftig verfaule“, glaubt er, das Gefühl zu haben, „die Luft steht im Dunkeln so still, daß (ihm) alle Dinge aus dem Gleichgewicht geraten und losgerissen erscheinen“, und vermeint er zu spüren, daß „man“ in diesen „Angststürmen“ magnetisch werde „wie ein verwesendes Vieh“ (99). Ist es dies, was die sorgfältig am Jargon soziologischer Deutungen orientierte Erzählung des ‘Falles’ der Mutter abwehren sollte? Die Auflösung des Erzählflusses in isolierte Sätze im letzten Teil des Berichts deutet auf das Mißlingen des Abwehrgestus und des Verdeckmanövers hin. Ob das Versprechen, später darüber Genaueres zu schreiben, je wird eingelöst werden können?

Das Unglück – Erlittenes und Gestaltetes

Die Erfahrungen des Nicht-gehört-Werdens und der Unfähigkeit, eine Bindung einzugehen – beides Folge und Ausdruck emotionaler Defizite –, tragen erheblich dazu bei, daß der Ich-Erzähler den Bericht so abfaßt, wie er es getan hat. Die Vermutung liegt nahe, daß die Erfahrungen des Nicht-gehört-Werdens und der Unfähigkeit, Bindungen einzugehen, zum Konflikt-Syndrom des Autors gehören. Dieses ist im ganzen aber nicht nur vielschichtiger und widersprüchlicher, als es die Erzählung ‚Wunschloses Unglück‘ zum Ausdruck bringen kann, es muß auch als dynamisch und als veränderbar gedacht werden. Die Tatsache, daß Handke Elemente des eigenen Konflikt-Syndroms aus sich herauszustellen und zu gestalten vermag, zeigt, daß er selbst über Möglichkeiten verfügt, sie in eine gewisse Distanz zu rücken. Dies geschieht nicht im Rahmen einer bewußten Auseinandersetzung mit den eigenen Konflikten, was er aber – aufgrund einer komplizierten Verflechtung von Ich-Bedrohungen einerseits und Abwehr, Verdrängung, Projektion und Idealisierung andererseits – zum Gegenstand des Erzählens wählt, ist ebenso wie die Art des Erzählens mitgeprägt von dem, was ihn konflikthaft bewegt. Dabei steht die biographische Komponente in einer ständigen Spannung zu den Elementen, die die Opus-Phantasie[12] des

(12) Peter von Matt: Die Opus-Phantasie. Das phantasierte Werk als Metaphantasie im kreativen Prozeß. In: Psyche 33, 1979, S. 193–212.

Autors in den Gestaltungsprozeß einbringt. Schon aus diesen Gründen sind Autor und Ich-Erzähler nicht identisch, ist die dargestellte Mutter nicht ein Abbild von Handkes eigener Mutter und ist der Bericht nur in einem besonderen Sinn des Wortes 'authentisch'. Es ist offenbar so, daß Handke im ‚Wunschlosen Unglück' mit Hilfe des Ich-Erzählers einen – sicher wichtigen – Teilbereich des Konflikt-Syndroms dadurch bearbeitet, daß er ihn in einem Kunstgebilde vergegenwärtigt. Dies geschieht in ähnlicher Weise auch dann, wenn er sich, wie in anderen Erzählungen, nicht im selben Ausmaß auf biographische Fakten der eigenen Familie stützt. Dazu ein paar Beispiele: Zu dem vermutbaren Konflikt-Syndrom des Autors gehört die Erfahrung der Gewalttätigkeit zwischen Partnern; im ‚Wunschlosen Unglück' ist dieser Aspekt deutlich erkennbar. In den Erzählungen ‚Die Angst des Tormanns beim Elfmeter' und ‚Die Stunde der wahren Empfindung' erscheint er isoliert, ist er das Thema, das Handke den Erzähler durchspielen läßt. Es ist zu vermuten, daß die Erfahrung von Gewalttätigkeit im Bereich der Partnerbeziehungen Spuren in der Psyche des Autors hinterlassen hat, aber der gewalttätige Josef Bloch, den es bis zum Mord treibt, und der verstörte Gregor Keuschnig, der Sexualität als Aggression und Zerstörung erlebt, sind ganz sicher nicht Handke selbst. Vieles spricht dafür, daß das Geschehen im ‚Kurzen Brief zum langen Abschied' im Sinne der hier geführten Überlegungen auf biographischen Voraussetzungen beruht (Selbstmord der Mutter, Geburt des Kindes, Trennung von der Frau), dennoch verfaßte Handke mit dieser Erzählung keine Autobiographie. Er läßt den Ich-Erzähler vielmehr im Rahmen eines erfundenen Reiseberichts die Möglichkeiten des Sich-Bindens und Sich-Lösens erproben und dabei Zwänge erleben, die – im Gegensatz zur Tormann-Erzählung – bis zur Gefahr des Getötetwerdens reichen (Drohungen, Pistole). Es ließe sich darüber hinaus zeigen, daß die Interviews Handkes ebenso viel verdecken wie sie enthüllen. Die Mitteilungsfreudigkeit des Autors und Äußerungen wie „Ich wüßte nicht, wie ich es aushalten sollte, wenn ich nicht gelesen würde"[13], lassen eine früh erfahrene Not des Nicht-gehört-Werdens vermuten und damit einen inneren Zusammenhang mit den konflikthaften Erfahrungen, die dem ‚Wunschlosen Unglück' zugrunde liegen. Dennoch wäre es einseitig, wollte man den Drang des Autors zu schreiben und sich zu Wort zu melden (wie etwa in Princeton) von diesem Defizit der Kindheit her allein und unmittelbar ableiten. Es ist unverkennbar, daß hier Zusammenhänge bestehen, aber diese Zusammenhänge für sich allein erklären noch nicht die Tatsache, daß Handke so und nicht anders darauf reagierte. Viele Möglichkeiten des Kompensierens der Erfahrung frühen Vernachlässigtseins und Nicht-Angenommen-Werdens wären denkbar, die Frage, warum nicht diese, sondern andere ergriffen wurden, könnte nur in größerem Zusammenhang und wohl auch dann nicht abschließend beantwortet werden. Die Einbeziehung psychoanalytischer Erkenntnisse in die Interpretation eines Textes darf nicht dazu verführen, monokausale Erklärungen vorzunehmen und zu versuchen, auf diesem Weg die Kontingenz eines Kunstwerkes zu begründen. Sie kann aber erheblich dazu beitragen, eine verfeinerte Sensibilität und eine erhöhte Hellhörigkeit auszubilden. Ein

---

(13) Heinz Ludwig Arnold: Gespräch mit Peter Handke (am 29. 9. 75). In: Peter Handke. München ^{4}1978 (text+kritik 24/24a), S. 39.

solches Vermögen befähigt ohne Zweifel dazu, den jeweils vorliegenden Text und in der Folge auch komplizierte Strukturen der Wirklichkeit in ihrem inneren Zusammenhang und in ihrer Bedeutsamkeit besser zu verstehen.
Es ist von entscheidender Wichtigkeit zu erkennen, daß die psychoanalytische Theorie zwar Einsichten zu vermitteln vermag, die für die Deutung eines Textes unverzichtbar sind, daß sie aber das, was das Kunstwerk konstituiert und das Spezifische seiner Wirkung auf den Leser ausmacht, nicht in den Blick zu nehmen vermag. Dazu im einzelnen: Mit Hilfe psychoanalytischer Kategorien – in diesem Fall der Mutter-Kind-Dyade – war es möglich, die Folgen zu bedenken, die sich angesichts der Deformation und der Reduktion der Mutter für den Sohn ergaben. Damit war – auf der Werkebene – die Psyche des Sohnes ebensowenig wie die der Mutter zureichend beschrieben, wohl aber die Möglichkeit gewonnen, das nach der Theorie zu erwartende Verhalten des Sohnes im Sinne einer Suchformel am Text zu erproben. In der Tat zeigte sich, daß dem Sohn weitgehend unbewußt gebliebene und für ihn nicht thematisierbare und nicht analysierbare Folgen seiner schwierigen Sozialisation im Schreibprozeß ihren Niederschlag gefunden haben. Die Erzählhaltung (ein Distanzieren bis zur Fallgeschichte) und die Selbstreflexionen des fiktiven Ich-Erzählers sind nicht eine Manier des Autors, sondern ist die dem Ich-Erzähler gemäße Artikulationsweise. Was der Sohn an der psychisch geschädigten Mutter erinnert, festhält und deutet, ist zugleich auch Ausdruck seines So-geworden-Seins. Die Interdependenz von belasteter Psychostruktur des Sohnes und dem Bedürfnis, die belastende Psychostruktur der Mutter zu erkennen, ist unaufhebbar. Das 'Unglück' erweist sich so nicht nur als das ins Allgemeine gewendete Ergebnis fataler Umstände im Leben der Mutter, es betrifft auch den Sohn, der durch seine Sozialisation an dieses Leben gekettet ist. Und es bezieht sich damit auch auf seine Unfähigkeit, anders als abwehrend über die Ursachen seines So-geprägt-Seins zu sprechen. Das Dilemma des Neurotikers, nur aus der Sicht seiner Neurosen über deren Ursachen reden zu können, ist in diesem Buch mit großer Eindringlichkeit vor Augen geführt. Das Buch endet mit der Orientierungslosigkeit, mit der es begonnen hatte, mit „Angststürmen" (99). Es ist mit einem starren Blick auf das geschrieben, was im Ich-Erzähler Erstarrung verursacht hatte. Es hält die Erfahrung von Unausweichlichkeit fest und setzt ins Bild, was es heißt, unveränderbaren Faktoren ausgeliefert zu sein. Der Versuch, aus einem Leben der Fremdbestimmung auszubrechen, führt jeweils in diese zurück. Die Besessenheit des Schreibens nützt deshalb nichts. Dies gilt auch für die Absicht, später Genaueres mitzuteilen. Dieser Vorsatz stellt zwar Informationen in Aussicht, er zeigt aber vor allem, daß die Erlebnisdynamik über das Buch hinaus wirksam ist. Unabschließbar ist nicht nur die Auseinandersetzung mit der Mutter, sondern auch mit dem, was die Mutter an Beschädigungen im Ich-Erzähler verursacht hat.
Ein Gefühl der Unentrinnbarkeit – im Leben der Mutter und im zwanghaften Verstehensversuch des Sohnes – vermittelt nicht nur der Inhalt, Unentrinnbarkeit kennzeichnet auch das Strukturprinzip der Erzählung. Inhaltlich und formal vergegenwärtigt das Buch ein auswegloses In-sich-Kreisen. Die Erfahrung der Unentrinnbarkeit, die in einer in sich zurückkehrenden rhythmischen Bewegung des Erzählens ihren Niederschlag findet, ist in ästhetischer Hinsicht das eigentlich Tragende des

Buchs. Die Psychoanalyse kann sagen, warum man aus Konflikten, wie sie hier zugrunde liegen, nur sehr schwer ausbrechen kann; was sie dabei liefert, sind wichtige, aber doch begrenzte Erkenntnisse. Die Erzählung als künstlerisch gestaltetes Gebilde vergegenwärtigt indessen das, was Unentrinnbarkeit *bedeutet*. Sie macht sie zu etwas Erlebbarem. Das Kunstwerk spricht nicht in erster Linie den Analyseverständigen an, es setzt vielmehr den Leser der Wirklichkeit des Gestalteten aus und damit den emotional wie denkerisch nachvollziehbaren Implikationen eines Lebens, wie die Mutter es zu führen nicht verhindern und der Sohn es zu beschreiben nicht widerstehen konnte. Am Prinzip der Unentrinnbarkeit orientiert sich nicht nur die Selektion der Inhaltselemente, d. h. der Erinnerungen des Sohnes, sondern auch die Wahl der entsprechenden formalen Mittel. Dies im einzelnen nachzuweisen, übersteigt den Rahmen dieser Ausführungen; einige Aspekte seien aber angedeutet. Die Chronologie des Erzählens, die im wesentlichen durchgehalten wird – im Unterschied zu vielen modernen Erzähltexten –, erzeugt, so wie sie gehandhabt wird, die Vorstellung von Zwanghaftem, sie vermittelt einen Eindruck von dem, was es heißt, fortschreitend in den Sog fremd- und selbstproduzierter fataler Verhältnisse gezogen zu werden. Die Erzählreflexionen des Ich-Erzählers, die das Vorhandensein einer Erzählfreiheit und damit die Idee suggerieren, das Erzählen könne freier machen, bezeugen in Wirklichkeit das Gegenteil. Schreiben als „Bewegungstherapie" (7) nützt nichts, wenn die Bewegungen die Psychostruktur des Ich-Erzählers abbilden, statt sie zu durchbrechen. Seine scharfsinnigen soziologischen Analysen enthalten sehr viel Plausibles, aber die Besinnung darauf schafft weder beim Ich-Erzähler noch beim Leser inneren Freiraum, sie verfestigt vielmehr den Eindruck, daß die deformierenden sozialen Verhältnisse unveränderbar sind. Die Erzählschwierigkeiten, mit denen der Ich-Erzähler am Ende zurückbleibt, sind nicht die des Autors, sie sind vielmehr Ausdruck eines Kunstverstandes, der in der Desintegration des Erzählens (im Auslaufen in unzusammenhängende Sätze) ein Mittel sieht, die Erfahrung des Betroffenseins auf den Leser zu übertragen; die Tatsache, daß Handke den Ich-Erzähler das Betroffensein bis in den Schreibduktus hinein vorführen läßt, bezeugt nicht die Identität von Autor und Ich-Erzähler, sondern ein ungewöhnliches Ausmaß an Distanz.
Die wissenschaftliche Genauigkeit einer psychosoziologischen Analyse, wie der Ich-Erzähler sie vornimmt, ist die eine Möglichkeit, die Tatsache der Unentrinnbarkeit zu vermitteln, der künstlerisch gestaltete Text, der Unentrinnbarkeit anschaubar und miterlebbar macht, ist die andere. Wunschlos unglücklich sein – vor Unglück zum Wünschen unfähig sein, das ist vermutlich die eindringlichste Vorstellung von dem, was Unentrinnbarkeit bedeutet. Der Interpret muß aber weiterfragen: Warum läßt Handke den Ich-Erzähler das biographische Material im Zeichen der Unentrinnbarkeit verwerten? Muß man die Perspektive zuletzt nicht umkehren? Ist es nicht so, daß der Ich-Erzähler seine Frustrationen zu einer Person macht, im Bild der Mutter verdichtet? Ist sie nicht das Konstrukt einer Person, das er von seinem unbeständigen Selbstwertgefühl, von seiner unfertigen, fast gebrochenen Identität, von seiner tiefsitzenden Unzufriedenheit, von seiner unüberwindlichen Enttäuschung, von seiner „ohnmächtigen Wut" her entwirft? Spricht durch eine solche Projektion nicht der Wunsch, die Verantwortlichkeit für das eigene Reduziertsein

auf andere zu übertragen? Ist es nicht vorstellbar, daß man sich das Unglück einer solchen Mutter wünscht, weil es das eigene Ich entlasten kann? Das Erzählen brachte dem Ich-Erzähler weder die Einsicht in das Besondere der Mutter noch Aufklärung über die Ursachen ihres Freitodes. Am Ende steht nicht eine psychosoziologische Deutung, die tiefer in die Welt der Mutter eindringt, sondern die Unfähigkeit des Ich-Erzählers, an diesem Erklärungsmodell festzuhalten. Was seine Reflexionen entfalten, dient zwar auch der Erklärung von Lebenszusammenhängen der Mutter, vor allem aber zielt es auf Abwehr und eigene Entlastung. Deshalb kann er auch nicht verhindern, daß sich am Ende ihre Inadäquatheit erweist. Was er sich ausdenkt, mag auf der Ebene sozialgeschichtlicher Zusammenhänge richtig sein, aber für den Ich-Erzähler bleibt es wirkungslos, denn was er sucht, ist nicht eigentlich Deutung, sondern Bewältigung. Und es ist ein weiter Weg von der verstandesmäßig geführten Deutung anderer Personen zur emotionalen Fähigkeit, eigene Konflikte zu bewältigen.

Professor Dr. Wolfram Mauser, Columbastr. 3, 7801 Pfaffenweiler

Michael Rutschky

„Basis-Ashram für Volksfront-Meditation"

Neuigkeiten über Psychoanalyse und Sozialwissenschaften im alltäglichen Gebrauch

Seit Mitte der sechziger Jahre sind die Sozialwissenschaften, einschließlich der Psychoanalyse, in die deutsche Bildungssprache, ins öffentliche Bewußtsein eingedrungen. Der alltägliche Gebrauch von Theorieelementen, die eigentlich für den wissenschaftlichen Diskurs entwickelt wurden, hat zu eigentümlichen Sprach- und Handlungsformen geführt. Man kann sie als 'Volkstheorien' bezeichnen – in diesem Sinne wird ein aktuelles Dokument, das Jahresprogramm eines Vereins zur Lebensreform, einer ausführlichen Interpretation unterzogen.

„Volkstheorien". – Seit Mitte der sechziger Jahre sind die Sozialwissenschaften, einschließlich der Psychoanalyse, in die deutsche Bildungssprache, ins öffentliche Bewußtsein eingedrungen und haben dort den deutschen Existentialismus, den „Jargon der Eigentlichkeit"[1], ersetzt. Man sprach nicht mehr vom *Dasein,* sondern von der *Gesellschaft*, man philosophierte nicht mehr über *Seinsvergessenheit*, sondern über *Entfremdung* usf. Die Veränderungen ergriffen auch kleinformatigere Worte: Man spricht nicht mehr von *Erziehung*, sondern von *Sozialisation*, selten von *Liebe,* eher von *Beziehung* etc.

Der Vorgang ist vielfältig dargestellt und interpretiert[2], auch veralbert worden.[3] Kulturkonservative Intellektuelle und Politiker haben, um mit ihm fertigzuwerden, ein Lieblingsinstrument ehemals linker Ideologiekritik an sich gebracht (und das Instrument umgebaut): Ich meine die Manipulationstheorie, derzufolge solche Veränderungen der Sprache und des Bewußtseins auf taktisch wohlkalkulierte Maßnahmen von *Masterminds* zurückgehen, die es zu identifizieren und auszuschalten gilt („Roß und Reiter nennen"). Was den einen Axel Springer, ist den anderen Jürgen Habermas. Man könnte sich, um diese Verhältnisse auf den Begriff zu bringen, eine Groteske vorstellen, die den Sozialwissenschaftler in der Tradition amerikanischer

(1) Theodor W. Adorno: Jargon der Eigentlichkeit. Zur deutschen Ideologie. Suhrkamp, Frankfurt/M. 1964. – Die Leichtigkeit, mit der Adorno zu diesem Zeitpunkt den Jargon dem Gelächter ausliefern konnte, bekräftigt ein altes Argument der Komödientheorie: daß Sitten und Gebräuche komisch werden, wenn ein gesellschaftliches Bewußtsein, das sich einmal an sie gehalten hat, zu anderen fortgeschritten ist.
(2) Vgl. Jürgen Habermas: Umgangssprache, Wissenschaftssprache, Bildungssprache. In: Merkur 4/1978, S. 327–342.
(3) Vgl. Chlodwig Poth: Mein progressiver Alltag. Rowohlt, Reinbek 1975. – Ders.: Unser täglich Frust. Rowohlt, Reinbek 1978.

B-Pictures als *mad scientist* darstellt, eine Tradition, die wohl im wesentlichen auf Mary Shelleys *Frankenstein* zurückgeht. Gewiß sind gerade Pädagogen anfällig für die Manipulationstheorie – in welcher Ausarbeitung auch immer – : Sie stellt geradezu den Inbegriff eines pädagogischen Phantasmas dar, indem sie die manifesten Handlungen und Äußerungen *vieler* auf die Einwirkungen von *einem* zurückführt. So muß es sich der Lehrer ja wünschen: daß er möglichst viele seiner Schüler in ihren Handlungen und Äußerungen nachhaltig beeinflußt.
Ich möchte hier nichts weiter beitragen zur Interpretation oder Kritik des Sachverhalts, daß seit Mitte der sechziger Jahre Stücke der Sozialwissenschaften in die Bildungs-, gar in die Umgangssprache eingedrungen sind („meine unheimlich beschissene Sozialisation", „Beziehungskiste"). Mich interessiert ein anderer Punkt: die eigentümlichen Sprach- und Handlungsformen, die darüber entstanden sind.
Ich möchte diese Handlungs-, insbesondere Sprachformen als „Volkstheorien" bezeichnen, nach einem Modell, das in der Kunstgeschichte für die Interpretation von „Volkskunst" aufgestellt worden ist: Nach diesem Modell erklären sich, sagen wir: die barocken Elemente an süddeutschen Gasthausmöbeln aus dem „Absinken" von Elementen eines ehemals kanonischen Stils.[4] Die Idee vom „Absinken" schließt immerhin Manipulationsverdächte aus. Vor allem lenkt diese Perspektive den Blick auf den speziellen *Gebrauch*, der im Alltag von kulturellen Instrumenten gemacht wird, die gar nicht für diesen Gebrauch entwickelt wurden, sondern, in unserem Fall, für den wissenschaftlichen Diskurs.
In diesem Sinne möchte ich ein Dokument kommentieren, wobei die Psychoanalyse die Wissenschaft sein soll, die hier in „Volkstheorie" transformiert wird[5], die Psychoanalyse, die Mitte der sechziger, Anfang der siebziger Jahre eine außerordentliche „volkstheoretische" Konjunktur hatte, eine Konjunktur, die freilich, wie gerade das Dokument lehrt, unterdessen abgeflaut zu sein scheint – doch darf man bezweifeln, daß die Metapher von der „Konjunktur" fruchtbarer ist als die von der „Manipulation".
Schauen wir es uns also an.

Bric-à-brac. – Bei dem Dokument handelt es sich um einen Papierbogen DIN A 2, der einmal längs und dann fünfmal quer gefaltet wurde, so daß eine Art Leporello-Album entstand: Es handelt sich um den Prospekt, das Veranstaltungsangebot eines Kölner Vereins namens „Himmel und Erde" für das Jahr 1981.
Das aufgefaltete Blatt zeigt auf der einen Seite im ganzen Format DIN A 2 das Schwarzweißfoto einer Hügellandschaft, kahle, vegetationslose Sandhaufen unter einem dramatischen Wolkenhimmel; im Hintergrund meint man das Meer zu erkennen – doch handelt es sich, wie näheres Zusehen lehrt, nur um den Knick, der beim Längsfalten des Papierbogens entstanden ist.
Die Wüstenlandschaft, die Wolken: Augenscheinlich soll die Fotografie den Vereinsnamen symbolisieren, Himmel und Erde. Und zwar eine archaische, unberührte

(4) Ich habe diesen Gedanken ausgearbeitet in: Erfahrungshunger. Ein Essay über die siebziger Jahre. Kiepenheuer & Witsch, Köln 1980, S. 49 ff. („Gerhards Theorie").
(5) Vgl. Michael Rutschky: Freud. In: Literaturmagazin 10. Rowohlt, Reinbek 1979, S. 147–163.

Erde (es fehlt sogar pflanzliches Leben) und einen Himmel, in dem auch etwas geschieht, der diesen Namen verdient (Vögel sieht man aber nicht). Den psychoanalytischen Einfall, daß hier wieder einmal das Phantasma der „Urszene", des Geschlechtsverkehrs archaischer Eltern-Imagines, realisiert ist[6], wollen wir zurückweisen. Es drängt sich ein anderer Einfall vor: Die „unberührte", archaische Landschaft könnte die Sahara, aber ebenso die Abraumhalde einer Kölner Großbaustelle sein, aus der entsprechenden Perspektive fotografiert; das heißt: Die „archaische" Szenerie ist kein „natürliches", sie ist vielmehr ein extremes Kulturprodukt.
Dieser Einfall findet in dem Prospekt selbst nicht ohne weiteres einen Anhaltspunkt, wohl aber in einem ihm extra beigegebenen Blatt, das, in stilisiert kindlicher Handschrift, mit „Erklärung der Hausbewohner der Kerpenerstr. 57" übertitelt ist.

„Das Haus Kerpenerstr. 57 wurde am 30. 4. 80 besetzt. Es gehörte dem Land Nordrhein-Westfalen und wurde von der Uni Köln verwaltet. Früher wurde es als Schwesternwohnheim benutzt, dann stand es drei Jahre leer und galt als Spekulationsobjekt. Während der sieben Monate, die wir in diesem Haus leben, haben wir alle wichtigen Renovierungsarbeiten wie Strom und Wasser verlegen, Öfen und Ofenanschlüsse anbringen usw. bewältigt. Es ist ein Schwangerschaftszentrum errichtet worden und die nächsten Ziele sind das Einrichten einer Kunstwerkstatt, Fahrrad- und Holzwerkstatt, eines Fotolabors und einiges mehr. In unserem Haus leben 36 Personen; wir leben in verschiedenen Wohngruppen zusammen, verstehen uns jedoch insgesamt als eine große Hausgemeinschaft, in der viele persönliche Beziehungen bestehen."

Den psychoanalytischen Einfall: daß wir es hier mit einer ungemein komplizierten Form von Regression zu tun haben, insofern eine Erwachsenengruppe eine Kindergruppe spielt, die ihrerseits Erwachsensein spielt („Haus", „Familie") – auch diesen Einfall wollen wir vorerst zurückweisen. Die Assoziation war ja, daß das Hausbesetzer-Manifest etwas mit dem emblematischen Mutter-Erde-Foto zu tun habe, die darauf ebenso als Sahara wie als entsprechend fotografierte Abraumhalde verkörpert sein könnte: Tatsächlich wäre das besetzte Haus, mit dem richtigen Blick betrachtet, ein Äquivalent zu jener sekundären Sahara. Der gesellschaftliche Prozeß, von dem man sich im allgemeinen vorstellt, daß er uns immer stärker zivilisiert, von der Wildnis entfernt – von diesem gesellschaftlichen Prozeß ließe sich auch behaupten, daß er umgekehrt immer mehr Wildnis erzeugt. Die Abraumhalde schaut aus wie die Sahara; das – aus komplizierten, vermutlich gar nicht genau rekonstruierbaren, zurechenbaren ökonomischen und politischen Gründen – aufgelassene Haus lädt zur Neubesiedlung ein, als hätte sich die sekundäre Natur partiell wieder in primäre, eben in Wildnis verwandelt.[7] Kein Wunder, könnte man sagen (um die psy-

(6) „Es war, als hätte der Himmel die Erde still geküßt". Vgl. Phyllis Greenacre: The Family Romance of the Artist. In: The Psychoanalytic Study of the Child, Bd. 13 (1958), S. 9ff.
(7) Als Standardwerk über das Verhältnis von fortschreitender gesellschaftlicher Rationalität und Regression kann wohl immer noch gelten: Max Horkheimer und Theodor W. Adorno: Dialektik der Aufklärung. Philosophische Fragmente. Querido, Amsterdam 1947. – Besonders zwingend schien mir hier die Beobachtung, die man seinerzeit schon bei philosophisch ganz uninteressierten Reportern lesen konnte: daß die Einwohner im Umkreis des Atomreaktors Three Mile Island sich vor der bei dem Unfall ausgetretenen Radioaktivität ebenso hilflos fürchten mußten wie ihre Urahnen vor Geistern und Gespenstern – eigentlich hilfloser: denn die Urahnen konnten sich Abwehrmaßnahmen noch von magischen und abergläubischen Praktiken versprechen.

choanalytischen Einfälle doch noch aufzugreifen), daß die Neusiedler angesichts der kulturellen Regression, die von solchen sekundären Wildnissen angezeigt wird, auf psychische Regression zurückkommen müssen – ein Kuriosum wie das, daß in einem aufgelassenen Haus Erwachsene Kinder spielen, die Erwachsene spielen, würde in diesem Zusammenhang verständlicher.
So sehen es unsere Neusiedler freilich *nicht*; sie würden die sekundäre Wildnis, die sie für sich bewohnbar gemacht haben, wohl als „befreites Gebiet" verstehen, ein Terminus, der von der Protestbewegung gegen den Vietnamkrieg adaptiert worden ist und eigentlich eine Strategie des Guerillakrieges bezeichnet. Unsere Neusiedler verstehen sich tatsächlich als Kämpfer; sie meinen ihre Feinde zu kennen; und sie sind keineswegs siegessicher, eher das Gegenteil.

„Dort, wo viele Menschen zusammen leben und sich eine gemeinsame Aufgabe gestellt haben, nämlich die, einen Beitrag zur Veränderung des gesellschaftlichen Seins zu bringen, werden viele verschiedene Probleme und Konflikte zusammen getragen. Unser Haus ist z. B. ein Anziehungspunkt für viele Menschen, die aus der gesellschaftlichen Struktur herausgefallen sind und sich hilflos fühlen. Wir sehen uns in eine Situation hineingebracht, wo uns diese Menschen an unserem sozialarbeiterischen Anspruch packen. Unsere Versuche, ihnen ein besseres Leben zu ermöglichen, zeigten uns, daß wir nicht in der Lage sind, diese gesellschaftlichen Widersprüche aufzufangen."

Nein, keineswegs haben wir es mit einer indifferenten, tendenziell friedlichen zweiten Wildnis zu tun, die die fortgeschrittene Zivilisation der Großstadt ausgeworfen hätte[8] – freilich gibt es auch keine Anhaltspunkte dafür, daß das Leben in der primären Wildnis friedlich wäre. „Wild" in einem sehr präzisen Sinne – nämlich im Sinn von Claude Lévi-Strauss' Konzept des „wilden Denkens" – scheinen mir aber die Erklärungen zu sein, die die Neusiedler für ihre immanenten Konflikte geben: Sie sind „gebastelt".[9] Materialien unterschiedlicher Herkunft, Wahrnehmungen, Argumente und Programme ganz unterschiedlicher Reichweite werden zusammenmontiert, ohne Rücksicht auf Herkunft und Reichweite, nach der Maxime: „Eine Interpretation ist auf jeden Fall besser als keine Interpretation." Das folgende Zitat macht das noch deutlicher:

„Gemeinsam ist uns allen, daß wir auf der Suche nach unserer eigenen Kraft und Selbstbestimmtheit sind, die wir auf verschiedenen Wegen erreichen können (Joga, Tai Chi, Massage). Es ist aber nicht damit getan, diese Dinge zu betreiben und danach jede praktische Durchsetzung unserer Bedürfnisse missen zu lassen und sich in mystischen Subjektivdeuteleien zu ergehen. Die Warenstruktur des Systems, die Automatisierung ist in unseren Köpfen, und all unsere Versuche, aus ihnen auszubrechen, müssen scheitern, so lange wir sie nicht als künstlich erzeugte begriffen haben."

Dies ist ziemlich genau das, was ich eine „Volkstheorie" nennen möchte: Besonders eklatant wird sie an dem Terminus „Warenstruktur", von dem man sich kaum vor-

(8) Der Blick, dem sich die fortgeschrittene Zivilisation, die Großstadt als Wildnis entpuppt, ist eine ästhetische Entdeckung der französischen Surrealisten. Vgl. insbesondere: Louis Aragon: Pariser Landleben. Deutsch von Rudolf Wittkopf. Rogner & Bernhard, München 1969 ([1]1926).
(9) Claude Lévi-Strauss: Das wilde Denken. Deutsch von Hans Naumann. Suhrkamp, Frankfurt/M. 1968, S. 29ff.

stellen kann, daß die Autoren damit den präzisen Sinn verknüpfen, den der Begriff in der marxistisch inspirierten Sozialphilosophie hat. Ihnen kann es aber auch gar nicht um Präzision in dieser Hinsicht gehen, ihr Projekt ist ja ein ganz anderes: Sie suchen sich die Schwierigkeiten zu erklären, die ihnen das Leben in der sekundären, aber keineswegs friedlichen Wildnis bereitet; sie lassen sich dabei – auch das hat Lévi-Strauss am „wilden Denken“ analysiert – von Begriffen leiten, die in einem Oppositionsschema arrangiert sind, eine Opposition, die man in diesem Fall „Kultur vs. Natur“ nennen könnte. Mit der Pointe: daß hier nicht der Übergang von der Natur zur Kultur gesucht und fortwährend stabilisiert wird – wie es, laut Lévi-Strauss, die originären „Wilden“ tun –, sondern der umgekehrte: Die „Warenstruktur des Systems“ ist der Inbegriff von „Kultur“ (und nicht etwa ein sozialphilosophischer Terminus), nämlich „künstlich erzeugt“; der Weg zur Natur führt zu „unserer eigenen Kraft und Selbstbestimmtheit“, die zugleich sozialisiert: „Gemeinsam ist uns allen ...“ Ersehnt wird kein intellektueller, sondern ein Triebgrund, der das richtige Handeln hervorbrächte. Es wird als „natürliches“ (vs. „künstlich erzeugtes“) kanonisiert. Daß zur Entdeckung und Freilegung dieses Triebgrundes keine „natürlichen“, sondern höchst kulturelle Praktiken eingesetzt werden sollen – freilich die eines anderen Kulturkreises –, zeigt noch einmal, daß es eigentlich nur um die Etablierung dieses Oppositionsschemas geht: Diese Praktiken werden einfach als „natürliche“ definiert.

Aber ich darf einen weiteren Einfall nicht unterschlagen: Man kann sich vorstellen, daß dies Flugblatt der Neusiedler in der Art eines Kommuniqués zustande gekommen ist. „Gemeinsam ist uns allen ...“: aber de facto gibt es Fraktionen, die sich nur mühsam auf diese Formeln geeinigt haben. Die eine Fraktion setzt auf Ostasiatica, was die andere als „mystische Subjektivdeuteleien“ mißbilligt. Diese Fraktion hinge nämlich den alten, d. h. von der Protestbewegung Ende der sechziger Jahre propagierten Formeln noch an; sie hat darauf gedrungen, daß die „Warenstruktur des Systems“ in das Kommuniqué aufgenommen wurde. Obgleich die Formel „mystische Subjektivdeuteleien“ direkt aus dem Sprachgebrauch der marxistischen Polemik stammen könnte, hat diese Fraktion aber vergessen (oder gar nicht gewußt), daß es bei Marx keine „natürlichen“ Bedürfnisse gibt, die sich der Gesellschaft (= „künstlich“) gegenüberstellen ließen.

Daß diese, sagen wir: orthodoxe Fraktion sich zu der Formel „künstlich erzeugte Warenstruktur des Systems“ bewegen ließ, würde also erst recht bedeuten, daß das übergeordnete Schema „Kultur vs. Natur“ ist; nur deshalb, weil es übergeordnet ist, konnten sich die Fraktionen auf dies Kommuniqué einigen.[10]

„Hier und Jetzt“. – Ich hatte einen Kommentar zu dem Veranstaltungsprogramm des Kölner Vereins „Himmel und Erde“ versprochen und habe mich stattdessen

---

(10) Seinerzeit, in der „alten“ Protestbewegung, war die Psychoanalyse, nach einer Phase stürmischer Aneignung, die insbesondere von den zahllosen Raubdrucken weit abliegender Schriften dokumentiert wird, rasch in den Verdacht der „Subjektivdeutelei“ geraten. Monumental ausgearbeitet ist er bei Michael Schneider: Neurose und Klassenkampf. Materialistische Kritik und Versuch einer emanzipativen Neubegründung der Psychoanalyse. Rowohlt, Reinbek 1973.

lange bei einem Hausbesetzer-Flugblatt aufgehalten, das dem Programm beigelegt war. Nun: 11 von 16 „Wochenenden-Workshops", die der Verein für 1981 anbot, sollten in diesem besetzten Haus stattfinden.
Zum Beispiel das Wochenende über „T'ai Chi", das Yürgen Oster, augenscheinlich der Initiator des ganzen Vereins[11], veranstaltete:

„Wenn Du keine Ahnung hast, was T'ai Chi ist, werde ich es dir hier auch nicht mit wenigen Worten erklären können. Hast du schon davon gehört und willst es lernen, dann brauchst du, um wirkungsvoll zu lernen, einen Unterricht, der Deiner Individualität entspricht. Ob ich Dein Lehrer sein kann, werde ich auch nicht mit wenigen Worten vermitteln können. Nur soviel kann ich sagen: Es ist mir mehr daran gelegen, den Gedanken, das Wesen des T'ai Chi verständlich werden zu lassen, als einen Bewegungsablauf zu studieren."

Der Grundgedanke dieser Ankündigung ist rasch herauspräpariert: Sie will nichts ankündigen. Was in der Veranstaltung stattfinden wird als Lernen, das soll sich nicht antizipieren und programmatisch aussprechen lassen: Vielmehr gilt für die Veranstaltung strikt das Prinzip des „Hier und Jetzt", des Vollzugs, der sprachlich gar nicht zu reproduzieren ist. Wohl kann man den Sätzen entnehmen, daß es sich bei dem ominösen T'ai Chi um irgendwelche Körperbewegungen handelt, doch sollen sie nur das Äußerliche eines Wesens sein, das in ihrem Vollzug offenbar werden mag – ob es offenbar werde, ist wiederum nur im Hier und Jetzt zu erfahren: Ob das gelingt, läßt sich nicht garantieren, nicht einmal versprechen, usf. Die Sprache hat in diesen Sätzen durchaus die Aufgabe, ihre eigenen Leistungsmöglichkeiten zu dementieren. Annonciert wird etwas Unaussprechliches, dessen Eintreten freilich ungewiß ist. Wir haben es nicht einmal mit einem Ritual zu tun, dessen Vollzug per se den gewünschten Effekt hervorbringt. Dafür ist anscheinend schon zu viel Psychologie, Subjektivität im Spiel, eine Instanz, die auch beurteilen kann, ob, um auf die Formel der Hausbesetzer zurückzukommen, die „eigene Kraft und Selbstbestimmtheit" bei diesen Übungen entdeckt wurde – eben jener Triebgrund, dessen „natürliche" Evidenzen durch keine Argumente erzeugt werden können.
Eigentlich dasselbe Programm formuliert Heide Düwal für ihre Veranstaltung „Atem – Stimme – Bewegung", die gleichfalls in dem besetzten Haus Kerpenerstr. 57 stattfinden sollte. Freilich bedient sie sich bei ihrer Ankündigung des „pädagogischen Indikativs", der Lehrern vor allem aus staatlichen Lehrplänen vertraut und der eigentlich ein verkappter Imperativ ist:

---

(11) Von ihm ist der Vorspann des Prospekts unterzeichnet. Dort heißt es zum Zweck des Vereins: „Die gelegentliche Mitarbeit in Zeitschriften 'Für ein ganzheitliches Leben' ließ immer etwas Unzufriedenheit über die tatsächliche Praxis in mir aufkommen. Der Prozeß der Bewußtwerdung, des Wachstums, der Verbindung von politischem Anspruch und innerer Verwirklichung wurde zu theoretisch, zuviel auf dem Papier und zwischen den Zeilen als im Alltag angeboten. Was sollen die Leser machen, wenn ihnen ganzheitliches Leben empfohlen, vorm Sektierertum – politisch wie religiös – gewarnt wird. Mit der Zeit wuchs in mir der Traum von der ideologie- und gurufreien Institution, die von den Bedürfnissen ihrer Benutzer gestaltet wird. Ein Basis-Ashram für Volksfront-Meditation, wo alle von allen lernen, wo jeder jedem Lehrer ist." Dazu gäbe es natürlich außerordentlich viel zu sagen – hier nur dies: Offenbar ist das Hier und Jetzt, auf das all diese Veranstaltungen zielen, per definitionem nicht durch Lesen zu erzielen.

„Wir lernen unseren Atemrhythmus kennen, unsere Atembewegung und die Bewegung, die aus dem Atem entsteht. Wir erfahren uns in unserem Atem, wie wir Hier und Jetzt sind, indem wir uns sehr achtsam auf den Atem einlassen.
Mit der Vokalraumarbeit eröffnet sich uns ein Weg zum tönenden Atem. Im Ton steckt eine große Heilkraft, wenn wir den richtigen Ton treffen. Bewußtes Atmen ist ein Weg der Selbsthilfe, der uns direkt an die Quelle unserer Erfahrungen bringt."

Eigentlich folgen alle Ankündigungen diesem Muster: Ob es sich um die „Bioenergetik" handelt, die „Körperarbeit", die Gerald Weischede veranstalten wollte; das „Afrikanische Trommeln für Anfänger", das Hedwig Kempkes und Rolf Exler anboten; die „Naturheilverfahren", in die Willi Trienen einführen wollte; das „Wu Wei – Tun ohne Tun", das wiederum Yürgen Oster veranstaltete; oder die „Tibetanische Körperarbeit" von Christiane Sandrock: Stets geht es darum, mittels gewisser Praktiken und Übungen ein „Hier und Jetzt" zu erzeugen, das gewisse körperliche, jedenfalls vor- oder gar unsprachliche Evidenzen aufgehen läßt. Ob diese Übungen und Praktiken ostasiatischer oder nordamerikanischer Herkunft sind oder einheimischen Traditionen entstammen, die lange unbemerkt fortgesetzt wurden, scheint gleichgültig: Hier herrscht programmatischer Eklektizismus, es geht nicht um eine einheitliche „Weltanschauung", um Religion oder gar um Theorie. Es scheint einzig und allein um diese Körpererfahrungen zu gehen.
Eine einzige Annonce fällt aus diesem Rahmen heraus: Es geht um einen Workshop über Schulprobleme, für den sich aber noch kein Leiter gefunden hatte, als der Prospekt ausgedruckt wurde.

„Max ist jetzt 3½ Jahre alt, und die sind verflixt schnell rumgegangen. In spätestens nochmal 3½ Jahren wird er vom Süstem in die Schule verpflichtet. Und bei dem Gedanken wird's mir unwohl, weil mir selbst immer deutlicher wird, was die Schule an mir alles verkorksen konnte. Daß ich mit diesem Gefühl nicht allein dastehe, sehe ich an den vielen, die ihre Kinder 'früh genug' in eines der überlaufenen 'Modelle' – Waldorf, Peter-Petersen, Montessori-Schule – anmelden. Die sind mir als Alternativen auch nicht so geheuer. Erstens haben sie was Elitäres, zweitens wird – zumindest bei Waldorf, wo meiner Meinung nach sonst die besten Wege gegangen werden – gleich 'ne Weltanschauung mitgelehrt und drittens: überhaupt ..."

Obwohl es sich gewissermaßen um einen autobiographischen Text handelt, ist der Verfasser nicht ausgewiesen – wie gesagt: Es hatte sich noch kein Leiter für diese Veranstaltung gefunden. Aber das schien für die Annonce kein Problem: Irgendwer konnte sie formulieren, konnte die Notwendigkeit dieser Veranstaltung über Schulprobleme an „Max" verdeutlichen und an eigenen Abneigungen, gar Idiosynkrasien („überhaupt ...").
Die programmatische Botschaft auch dieser Sätze scheint mir auf das Hier und Jetzt zu zielen: Ein Ich oder eine Gruppe beginnen eine Aktion einfach an der Stelle, wo sie sich gerade befinden, ohne weiterreichende Reflexion, wie sie dorthin gelangt sind, ob die Aktionen anderer in näherer oder fernerer Umgebung denselben Zielen folgen, ob die hier und jetzt begonnene Aktion „objektiv" möglich oder legitim ist. „Wir fangen einfach von vorn an"[12]: Hier gilt das nicht erst für die annoncierte Veranstaltung, sondern schon für das Formulieren der Annonce selbst.

---

(12) Lilli E. Peller hat als unbewußte Grundregel der Spiele, denen Kinder in der sog. Latenz-

Eine Anmerkung verdient noch die parodistische Formel „Süstem“. Ich denke, was hier parodiert wird, ist nichts anderes als der Sprachgebrauch jener orthodoxen Fraktionen, von denen sich eine in dem Hausbesetzer-Flugblatt noch hatte zur Geltung bringen können, in dem eigentlichen Prospekt aber nicht im mindesten. Was parodiert wird, ist der sozialwissenschaftliche Sprachgebrauch der „alten“ Protestbewegung, die ihre Aktivitäten in weitgespannten theoretischen Konstruktionen zu rechtfertigen versuchte. Solche Versuche müssen einer gänzlich auf das „Hier und Jetzt“ verpflichteten, gewissermaßen existenzialistischen Aktivität vollkommen sinnlos erscheinen – und eine Hausbesetzung kann auch nur unter dem existenzialistischen Aspekt imponieren, nicht weil es sich, wie vielleicht einer der Orthodoxen ausführen möchte, um eine „antikapitalistische“ Tat handelt.
Um noch einmal auf das emblematische Schwarzweißfoto von Himmel und Erde zurückzukommen: Es wäre durchaus plausibel, wenn die archaische, „unberührte“ Landschaft von der Abraumhalde einer Kölner Großbaustelle verkörpert würde. Wenn überhaupt, kann der Rückweg von der „Kultur“ in die „Natur“, in den Triebgrund, vom (sprachlichen) Sinn zur Sinnlichkeit nur hier und jetzt eingeschlagen werden. Hoffnungen auf einen globaleren Zusammenhang, in dem später einmal Glück und Wahrheit möglich werden, dienen bloß der Beschwichtigung, dem Aufschub. Schon die notwendig sprachliche Darstellung globaler Zusammenhänge gilt als verdächtig.
Anders formuliert: Diese Aktivitäten suchen nicht die „Kolonialisierung der Lebenswelt“[13] zurückzudrängen, vielmehr geht es, wie gesagt, um Neubesiedlung einer Lebenswelt, die wie primäre Natur aufgefaßt wird – die sich partiell tatsächlich dergestalt verwandelt haben mag. Die Abraumhalde *ist* die Wüste. Das besetzte Haus ist nicht bloß das Exempel einer antikapitalistischen Tat, es ist ein hier und jetzt erschlossener Lebensraum, was auch immer die anderen dazu sagen mögen. Die körperlichen Evidenzen, auf die jene Praktiken, Übungen und Aktivitäten zielen, dienen weder einer Revolutionierung noch einer Reform des Bewußtseins. Vielmehr soll es – wie das alte Haus – einfach neu besetzt werden.

Psychoanalyse. – Ich hatte eine Darstellung versprochen, wie die Psychoanalyse seit einiger Zeit (samt anderer Sozialwissenschaften) in „Volkstheorie“ transformiert wird, weil von ihren, für wissenschaftliche Diskurse entwickelten, Konzepten ein alltäglicher Gebrauch gemacht wird – aber die Psychoanalyse scheint in dem Dokument, das ich kommentiert habe, überhaupt nicht vorzukommen. Mehr noch: Man

---

zeit nachgehen, der Zeit nach dem Untergang des Ödipuskomplexes, wenn die Enttäuschung der kindlichen Liebeswünsche durch die Eltern zum Abbruch der Liebesgeschichte geführt hat –, Lilli E. Peller hat als unbewußte Grundregel dieser Spiele formuliert: „Ich kann nicht zurückgehen und alles noch einmal von vorne beginnen.“ Peller: Das Spiel im Zusammenhang der Trieb- und Ichentwicklung. In: Günther Bittner/Elisabeth Schmidt-Cords (Hrsg.): Erziehung in früher Kindheit. Juventa, München 1968, S. 213. – Wenn man sie als Äquivalente für Kinderspiele auffaßt, verraten alle Aktivitäten des Vereins „Himmel und Erde“, daß sie eben dieser Grundregel des Erwachsenwerdens nicht folgen wollen.
(13) Jürgen Habermas: Kolonisierung der Lebenswelt? Bemerkungen zur intellektuellen Szene in der Bundesrepublik. In: Stichworte zur „Geistigen Situation der Zeit“. Suhrkamp, Frankfurt/M. 1979, Bd. 1, S. 7–35.

kann sich vorstellen, daß einer, der vom Über-Ich oder vom Es oder von der Entwicklungsgeschichte der Libido spräche, demselben Spott verfiele, den die Neusiedler für die politisch Orthodoxen übrighaben („Süstem").

Weiter: Insofern diese Aktivitäten sich als Therapie verstehen – müßte ein Kommentar im Sinne literaturwissenschaftlicher Einfluß-Forschung nicht eher auf die Ostasiatica oder Fritz Perls, den Erfinder der Gestalttherapie, oder Alexander Lowen führen, der die späten, wilden Ideen des einstigen Freudianers Wilhelm Reich fortsetzt?

Schließlich: Haben wir es bei diesem Dokument nicht eher mit einem Material zu tun, das die Psychoanalyse – wie Träume, Phantasien, Fehlhandlungen, Kinderspiele, Symptome – zur *Deutung* reizt? Ein Analytiker würde diese Präokkupation durch körperliche Evidenzen wahrscheinlich mit der ihm eigenen verständig-freundlichen Kühle als Autoerotik deuten, als verschobenes Masturbieren – denn die eigentliche körperliche Evidenz, zu der der erwachsene Mensch gelangen kann, nämlich die genitale Sexualität, kommt ja in diesen Programmen systematisch nicht vor. Daß all diese Praktiken vor die Sprache zurückwollen, würde der Analytiker vielleicht als Indiz lesen, daß tatsächlich in zunehmendem Maße die Störungen der frühesten, präverbalen Mutter-Kind-Beziehung nach vorn drängen[14], Störungen, die hier freilich nicht therapiert, sondern agiert, d. h. unbewußt wiederaufgeführt werden.

Nun: Diese Einwände sind gewiß nicht falsch. Gleichwohl scheint mir, daß diese Aktivitäten in der Gestalt von „Volkstheorie" vor allem zwei Aspekte der Psychoanalyse, wie sie Ende der sechziger Jahre massenhaft unter die Leute kam, festhalten.

Der eine – der sich besonders deutlich im Reden von den „Bedürfnissen" kundgibt –: Die Psychoanalyse wurde von Freud ja nicht als philosophische Lehre, an Problemen der Begriffsbildung und des „Geistes" entwickelt, sondern an Störungen, an Hemmungen des „Lebens", an „Mißverständnissen des Leibes"[15], um einen Säulenheiligen der siebziger Jahre zu zitieren, Friedrich Nietzsche, von dessen Schriften gleichfalls viel volkstheoretischer Gebrauch gemacht wurde. Freud hat mit der Psychoanalyse der Hysterie begonnen, einer Neurose, die er als prinzipielles sexuelles Mißverständnis des Leibes aufklärte. Er hat keine Bewußtseinsphilosophie entwikkelt, im Gegenteil; daher rührt wohl die Intransingenz, mit der er seine Triebtheorie verfocht: Keinesfalls sollte die Psychoanalyse der (narzißtischen) Illusionen unterliegen, das Ich könne doch noch unumschränkter Herr in seinem eigenen Haus werden.[16]

---

(14) Vgl. Anna Freud: Wandlungen in psychoanalytischer Theorie und Praxis. In: Schriften, Bd. X. Kindler, München 1980, S. 2795–2803.

(15) Friedrich Nietzsche: Die fröhliche Wissenschaft. Werke, ed. Schlechta, Bd. II. Ullstein, Berlin 1972, S. 285.

(16) Berühmt sind die Formulierungen: „Man könnte das Verhältnis des Ichs zum Es mit dem des Reiters zu seinem Pferd vergleichen. Das Pferd gibt die Energie für die Lokomotion her, der Reiter hat das Vorrecht, das Ziel zu bestimmen, die Bewegung des starken Tieres zu leiten. Aber zwischen Ich und Es ereignet sich allzu häufig der nicht ideale Fall, daß der Reiter das Roß dahin führen muß, wohin es selbst gehen will." GW XV (Imago-Ausgabe), S. 83. – Was bei Freud völlig fehlt, ist das Triumphgeschrei, mit dem Nietzsche seine ähnlichen Einsichten zu begleiten pflegt.

Dieser Aspekt der Psychoanalyse, daß ihr zentrales Thema nichts anderes als die Liebe ist, wurde gerade von den Versuchen, Ende der sechziger Jahre die Psychoanalyse als Sozialwissenschaft auszuweisen, verwischt, wenn nicht unkenntlich gemacht.[17] Sicher, keine Annonce im Prospekt des Vereins „Himmel und Erde" redete in diesem Sinne von der Liebe; daß die körperlichen Evidenzen, zu denen die diversen Aktivitäten führen sollen, etwas mit Sexualität, autoerotisch oder nicht, zu tun haben, scheint den Beteiligten nicht zu Bewußtsein zu kommen. Doch halten sie daran fest – und darin sehe ich eben ein volkstheoretisch transformiertes Stück Psychoanalyse – , daß Evidenzen am Leib aufgehen müssen, wenn sie welche sein sollen.

Zweitens. Auch die Psychoanalyse hat ein inniges Verhältnis zum Prinzip des „Hier und Jetzt". Auch sie – obgleich ein sprachlich organisierter Prozeß – ist eigentlich nicht sprachlich zu reproduzieren, am wenigsten durch schriftlichen Text, wie umfangreich das Corpus der psychoanalytischen Schriften auch sein mag. Sie gleichen nämlich Expeditionsberichten, deren Wahrheitsgehalt nur zu ermitteln ist, wenn man die Reise selber macht.

An vielen technischen Regeln der analytischen Praxis ließe sich dieser Aspekt verdeutlichen, daß man sie gewissermaßen nur als Original haben kann und nicht als Reproduktion – am leichtesten vielleicht an der sog. Lehranalyse, dem Grundprinzip der inner-psychoanalytischen Tradition. Im Unterschied zu allen anderen hermeneutischen Disziplinen, deren zentrale Bestände sich durch Bücher, durch Lektüre aneignen lassen, steht beim Kandidaten der Psychoanalyse nicht die Lektüre im Zentrum, sondern die Erfahrung, „hier und jetzt", an der eigenen Seele.[18] Was für die Literatur nur faktisch und implizit gilt: daß keiner wissenschaftlich oder kritisch über sie reden sollte, der sich nicht praktisch in ihr versucht hat, dies Prinzip gilt hier ausdrücklich, es ist gleichsam offensiv gewendet worden.

Sicher, die körperlichen Evidenzen im Hier und Jetzt, auf die es die Beteiligten des Kölner Vereins „Himmel und Erde" und ihresgleichen anderswo abgesehen haben, diese Evidenzen sind entschieden vor- oder gar unsprachliche, die Psychoanalyse ist dagegen praktisch ein sprachlicher Prozeß (der sich freilich mündlich und nicht schriftlich ereignet). Doch möchte ich diese Aufmerksamkeit für das Hier und Jetzt für ein zweites volkstheoretisch transformiertes Stück Psychoanalyse halten – es ist eine sehr ähnliche Aufmerksamkeit, die sich im analytischen Prozeß auf die gleichsam leibliche Präsenz des Sprechens richtet. Im übrigen könnte eine traditionell geistesgeschichtliche Untersuchung bei diesem Dokument, wenn sie auf Fritz Perls, Alexander Lowen oder Wilhelm Reich stieße (und, was die Ostasiatica angeht, vielleicht auf C. G. Jung), durchaus zeigen, wie von ihnen Elemente aus Freuds Psychoanalyse herausgebrochen und verselbständigt wurden. Ein Stemma der „Einflüsse" würde zu sehr ähnlichen Ergebnissen führen.

---

(17) S. insbesondere Jürgen Habermas: Erkenntnis und Interesse. Suhrkamp, Frankfurt/M. 1968, S. 262ff. – Alfred Lorenzer: Sprachzerstörung und Rekonstruktion. Suhrkamp, Frankfurt/M. 1970.

(18) Ich habe diesen Gedanken ausgearbeitet in: Lektüre der Seele. Eine historische Studie über die Psychoanalyse der Literatur. Ullstein, Berlin, 1981, S. 46ff.

(19) Jürgen Habermas: Legitimationsprobleme im Spätkapitalismus. Suhrkamp, Frankfurt/M., 1973, S. 106ff.

Schöne Aussicht. – Man könnte wohl sagen, daß diese seltsamen – zugegeben: oft genug komischen – Aktivitäten sich gegen etwas richten, das Jürgen Habermas, ein öffentlicher Protagonist der Sozialwissenschaften (wenn nicht *der* Protagonist), „Motivationsentzug" genannt hat, diese zunehmende Unfähigkeit vieler Menschen, sich in den Institutionen zuhause zu fühlen, mit ihren „Bedürfnissen", wie auch immer vermittelt, an die Notwendigkeiten institutionalisierten Handelns anzuknüpfen.[19] Mit merkwürdiger Naivität macht sich diese Avantgarde daran, nichts anderes als die „motivationalen Grundlagen des Handelns" freizulegen. Man kann darüber zu der kuriosen Vorstellung eines Schülers (oder einer Schülerin) gelangen, der (die) nicht deshalb schweigt oder abwesend wirkt, weil er (sie) sich nicht „am Unterricht beteiligen" will – im Gegenteil, sie sind vielleicht gerade mit Atemübungen beschäftigt, die sie „an die Quelle unserer Erfahrungen" bringen sollen, sie sind keine Feinde des Schulunterrichts, der Institution, im Gegenteil, sie geben sich die äußerste Mühe, darin präsent zu bleiben.

Dr. Michael Rutschky, Bonner Str. 24, 8000 München 40

Die Rubrik

Erfahrungen
Kritiken
Vorschläge

Eberhard Ockel

Vorlesen — eine vernachlässigte Fähigkeit

1. Vorbemerkung und Anlaß

Die folgenden Überlegungen stammen aus der Festansprache zur Eröffnung einer Kinder- und Jugendbuchausstellung, die 1981 schon zum 5. Male in Vechta gezeigt wurde. Anlaß für die Themenwahl war eine Untersuchung, die ich im Jahre 1981 in fünften Klassen im Stadtgebiet Vechta durchführte und die Anfang 1982 in wesentlichen Bestandteilen ausgewertet war.

Dabei zeigte sich vor allem, daß zwischen sogenannten schlechten und sogenannten guten Lesern – nach der Lehrereinschätzung – als einzig nachweisbares Unterscheidungsmerkmal die Geschwindigkeit oder die Zeitdauer für das Vorlesen eines kurzen Märchens (Brüder Grimm: Der goldene Schlüssel, Nr. 200) beobachtet werden konnte. Tonhöhenverlauf, Stimmstärke oder Betonungen und Klangfarbendifferenzierungen waren weitgehend deckungsgleich.

Auch ein Vorlesewettbewerb, wie er in vielen Städten stattfindet, regte zu diesen Überlegungen an: eine Einrichtung, die im Rahmenprogramm der Kinder- und Jugendbuchmesse schon Tradition besitzt und von der Stadt mit Preisen und Urkunden ausgestattet wird. Eine Vorbereitung dazu kann jedoch leider nur eingeschränkt stattfinden: Zwar können Schüler ihre ausgewählten Texte vorlesen, leider sind die wenigsten Lehrer jedoch aus zeitlichen Gründen in der Lage, eine gezielte Förderung zu betreiben. Sie lassen die Chance für ein vorbereitendes Vorlesetraining vorbeigehen. Daher bleibt die Vorbereitung in der Regel auf eine Auswahl des besten Vorlesers beschränkt.

Die Entscheidung über die 'Klassensieger' ebenso wie über den 'Schulsieger' fällt nach den Erfahrungen meiner Untersuchung vorwiegend intuitiv: Die Aufmerksamkeit richtet sich auf eine lebendige Modulation oder Tonhöhenbewegung der Stimme und auf eine flüssige und im Tempo variable Sprechfassung. Für die beurteilende Einschätzung des Lehrers spielt dabei weder eine Rolle, ob der Schüler natürlich spricht oder aufgesetzt, noch ob er dem Text gerecht wird.

Schließlich sind die folgenden Überlegungen veranlaßt durch die altbekannte Tatsache, daß der Leselehrgang in der Grundschule sich konzentriert auf die richtige Lautierung der Wörter und Sätze. Ein echtes Vorlesen von Kindern – im Sinne der kommunikativen Vermittlung fremder und eigener Texte – findet in der Grundschule in der Regel nicht statt. In der späteren Schullaufbahn allerdings wird genau diese Fähigkeit in zunehmendem Maße vorausgesetzt, ohne daß sie speziell geübt worden wäre. Dies macht sich vor allem dann bemerkbar, wenn Schüler hilflos vor dem Problem stehen, Eigentexte (z. B. Referate) vorzulesen; oder wenn sie vor der Zumutung kapitulieren, das Verständnis eines Problemtextes durch Vorlesen zu erleichtern; oder wenn sie sich verweigern, wenn Lehrer die Möglichkeit zur gegenseitigen Bekanntgabe der privaten Leseinteressen durch Vorlesestunden anbieten.

2. Das heimliche Lernziel: Versprecher vermeiden

Dazu eine kurze Geschichte von Irmela Wendt, selbst langjährige Grundschullehrerin, aus dem Jahrbuch für Kinderliteratur 1981 mit dem Titel ‚Lesen macht Spaß':

„Wenn wir in der 3a bei Frau Meyer Lesen haben", sagt Heidi, „und wenn ich dann vorle-

sen muß, dann müssen die anderen zählen, wieviel Fehler ich mache. Und wenn ich dann fertig bin, dann müssen sie sagen, wieviel Fehler ich gemacht habe, und was ich falsch gelesen habe.
„Was lest ihr denn?" – „Das ist doch egal."

Wenige Lehrer machen sich Gedanken darüber, daß Versprecher beim Lesen nicht nur entstehen aus Nachlässigkeit, mangelnder Vorbereitung oder aus Schwierigkeiten, das richtige Wortbild zu erkennen, sondern daß diese Versprecher auch zu erklären sind, weil das Sprachgefühl des vorlesenden Schülers mit dem Sprachstil des Textes kontrastiert, die Textverknüpfung in seiner Sprechgewohnheit anders aussieht als die vorzulesende. Außerdem vergißt man ganz bestimmte Tücken eines Textes, z. B. beim Trennen, die zu Versprechern geradezu herausfordern. Diese Art der 'Leistungskontrolle' kann also leicht zu einer unbeabsichtigten Diffamierung einer kreativen Leistung beim Schüler führen, seiner unbewußten Stilkritik nämlich, die sich nur beim Vorlesen zeigt.

3. Was die Kinder beim Vorlesen lernen

Zunächst geht es beim Lesen um das Erkennen von sprachlichen Zeichen (der Schrift) und der Umsetzung dieser Zeichen in Sinnverstehen und in lautliche Wiedergabe. Meist verringern die Fibeln den Anspruch an das Sinnverstehen so stark, daß die angebotenen Texte vorwiegend als Übungsmaterial für die Umsetzung von Schriftwort in Lautwort dienen. Überraschung, Spannung, Witz, Nachdenken über Erfahrungen kommen dabei leider häufig zu kurz.
Die Kinder lernen dann, die sogenannten Begabten schnell, die sogenannten weniger Begabten langsam, einen Text rasch und flüssig aus einem Schrifttext in einen Sprechtext zu übertragen.
Sie lernen aber noch etwas, das in meiner Untersuchung deutlich auffiel: Sie lernen, daß ein Text zum rascheren Sprechen am besten in überschaubare Häppchen eingeteilt wird, damit man der Erwartung, flüssig zu lesen, besser nachkommen kann. Dies entspricht auch einer Erfahrung der Schüler mit ihrem Lehrer, wenn er diktiert. Und zur Vermeidung des Lehrerkommentars: „das war aber langweilig." erhalten die wichtigsten Wörter in den Häppchen jeweils gewichtige Betonungen. Bald überbrückt man auch die Fugen zwischen den Häppchen und setzt aufatmend eine dicke Betonung auf das letzte Wort. Das hat den Vorteil, daß man sich nicht die Mahnung: „Lies nicht so abgehackt!" zuzieht.
Der Schritt zum sogenannten sinngestaltenden Lesen, das ja in den Richtlinien noch immer herumgeistert, erfolgt nun mit der Aufmunterung: Lies das mal schön, oder: Lies das mal mit Betonung. Aha, folgert der Schüler, ich muß also versuchen, das Vorgelesene mit einer besonderen Schmuckschicht zu überziehen, die der Lehrer als schön oder betont akzeptiert. Einen doppelten Aufguß, „Vorlesen" und dann „sinngestaltend lesen", vertragen jedoch die wenigsten Texte, ohne daß ihre Eigenart auf der Strecke bleibt.
Die Folge: Eine Verbindung zwischen der ungebrochenen Bereitschaft und Fähigkeit, spannend zu erzählen, lebendig zu spielen und in allen denkbaren Situationen der eigenen Absicht gemäß zu sprechen und dem entsprechenden Vorlesen, ist gestört. Dies zeigt auch die folgende Erfahrung bestätigt, die vielleicht der eine oder andere der Leser auch schon gemacht hat: Viele Kinder können vor dem Eintritt in die Grundschule fließend lesen. Von den Eltern zum Vorlesen aufgefordert, lesen sie ebenso lebendig und unbefangen vor, wie sie spontan sprechen. Das heißt, sie übertragen ihre spontane Art zu sprechen ganz unbefangen und ohne jegliche Übung auf das Vorlesen. Nach einer kurzen Schulzeit verändert sich ihr Vorlesen auffällig: Lebendigkeit wird zu Künstlichkeit, und Unbefangenheit wird zu kontrollierter Verkrampfung.

4. Wie kann man sich diese Entwicklung erklären?

Viele Lehrer vermeiden es, im Unterricht Texte selbst vorzulesen. Das mag mit der beängstigenden Perfektion von Vorlesebeispielen zusammenhängen, wie sie in Medien, in Cassetten oder Schallplatten oder in den dritten Fernsehprogrammen durch namhafte Schauspieler angeboten werden. Gleichzeitig begünstigt diese Perfektionierung eine Vorurteilshaltung, die sich verhängnisvoll auswirkt: Der Lehrer zieht sich aus der Verpflichtung zurück mit dem Bewußtsein, weder die erforderliche Ausbildung zu haben noch dies so zu können. Auch Abwehrhaltungen werden aufgebaut von dem Typ: Das ist mir zu emotional aufgeladen.

Bei einer solchen Einstellung wird völlig vergessen,

- daß emotionale Haltungen immer die Sprechart eines Textes überformen (und der Hörer nimmt dies auch wahr);
- daß das Vorlesen eine gute Brücke zwischen dem Verstehen und der Mitteilung darstellt, insofern bewußte Steuerungsprozesse auch den Ausdrucksanteil beim Sprechen (der in der Regel beim Spontansprechen unbewußt abläuft) prägen;
- daß eine mehrdimensionale Vorstellungshilfe (durch Sprache, Prosodie, Mimik) für die Übertragung von kreativen Textnebenprodukten (Konnotationen und Assoziationen) angeboten wird, die gleichwohl eine große Freiheit individueller Vorstellung beim Hörer ermöglicht.

Möglich ist auch, daß diese Entwicklungen und Einstellungen zu einem Rückgang des Vorlesens im Freizeitbereich geführt haben, so daß einfach keine Erfahrungen mehr damit bestehen. Die Wahrscheinlichkeit ist groß, wenngleich schwierig empirisch nachzuweisen, daß Textverstehen und Aufnehmen oder Verarbeiten durch Vorlesen besser gelingt als durch Selbstlesen.

Wo Textlesen als akustische Vermittlung geschieht, wird kaum vorgelesen: Weder Sprecher in Rundfunk und Fernsehen noch Pfarrer oder Lektoren im kirchlichen Bereich lesen eigentlich vor. Sie reihen bedeutsame Vorstellungen durch Betonung und gleichförmige Tonhöhenbewegung aneinander. Aber die fortlaufende Entwicklung eines Argumentationsganges, die verschiedenen Rück- und Vorausverweise im Text, die Rhemata einer sich entwickelnden Handlung werden – anders als im Spontansprechen – nicht berücksichtigt: Das führt zu einer Überfütterung an Informationen, die – verbunden mit der Menge an Wörtern pro Zeiteinheit – z. B. bei Nachrichten oder liturgischen Texten – häufig zu der Hörerreaktion führt: Schön war's ja, aber was er gesagt hat, weiß ich nicht mehr!

Häufig vermag gerade das orientierende, suchende, tastende Vorlesen in der Erstbegegnung mit einem Text beim Hörer sehr produktive Mitvollzüge auszulösen, die das routinierte oder gar demutshaltige Sprechen vollkommen zudeckt. Dabei sind zwei Differenzierungen zu beachten, die zwischen Lyrik und Prosa auftreten. Im Regelfall ist eine Verknüpfung beim Prosatext zu erkennen und – unbeeinträchtigt durch besondere Zeilenanordnung noch durch undurchsichtige Gedankensprünge – im Vorlesen zu überschauen und dem Hörer klarzumachen.

In der Lyrik sollte der Vorleser die Zeilenbegrenzungen ernst nehmen, die meist an spannungsreichen Nahtstellen der syntaktischen Fügung oder gleichsam an den Schaltstellen mehrdeutiger Aussagen stehen. Ebenso natürlich das Prinzip der bewußten Gewichtung, das der Autor durch kürzere oder längere Zeilenvorgaben seiner Aussage gibt.

Es sollte in diesen Überlegungen deutlich geworden sein,

- welche Anforderungen das Vorlesen an den Schüler und seine bewußte Ausdruckssteuerung stellt, sowie
- welche Chancen sich für die Erstbegegnung mit Texten ergeben und
- welche Fähigkeiten das Vorlesen im Bereich der Ausdrucks- und Kommunikationsförderung bewußt machen und entwickeln kann.

Zunehmend scheint sich die Einsicht durchzusetzen, daß die Förderung der intellektuellen Fähigkeiten eines Menschen ergänzt werden muß durch eine umfassende Förderung seiner musischen Fähigkeiten.

Ebenso wie die Bedeutung von Malen, Singen, Werken in Schulen und Erwachsenenbildungseinrichtungen zunehmend erkannt wird, sollte sich die Einsicht durchsetzen, daß das Vorlesen als differenzierte Förderung von Ausdrucks- und Gestaltungsmitteln der Sprechsprache in diesen Bereich einer umfassenden musischen Förderung mit hineingehört.

Damit würde dieser wichtige Bereich innerhalb der Schule aufgewertet: Was bisher auf sogenannte Nebenfächer beschränkt blieb, wird damit von einem sogenannten Kernfach mitgetragen. Damit wird gleichzeitig die Möglichkeit geschaffen, nicht nur spannende Geschichten zu lesen, sondern auch Zugang zu finden zu besinnlichen, schildernden, nachdenklichen und beschreibenden Texten, indem eine Sensibilität für die ästhetische Form beim Vorlesen geweckt wird.

5. Hinweise für die methodische Arbeit

Wichtige Maximen, die unbedingt zu Regeln erhoben werden sollen, sind:

- Mach dir beim Vorlesen klar, daß der Hörer nicht nachschlagen kann.
- Lies daher genauso tastend – von Fragen und Zusammenhängen geleitet – als ob du den Inhalt zum erstenmal wahrnimmst.
- Mach dir innerlich die Vorstellung zu eigen, die du vorliest.
- Wage es, deine inneren Vorstellungen beim Mitverstehen deutlich zu machen.
- Löse dich von den grammatischen Zeichen und mißverstehe sie nicht als Ausdruckshilfen.

Einige Funktionen des Ausdrucks müssen vorab geklärt werden: Das Sprechtempo steht in engem Zusammenhang mit Spannung und Anteilnahme. Deutliches Verlangsamen des Tempos bei gleichbleibendem Muskeltonus hat eine Erhöhung des Erwartungsdrucks zur Folge; im Alltag meist bei dem Spielchen eingesetzt: „Ich sehe was, was du nicht siehst ..." Werden dabei die Wörter nur auseinandergetrennt und die Tonhöhenbewegung fällt ab, so ist die Spannung getilgt: Pausen als spannungssteigerndes Element sind also nur realisierbar mit schwebendem Ton. Wird der Ton gesenkt, signalisiert dies den Abschluß eines Ausspruchs oder Gedankens. Jedem Text sind gewisse Grundstimmungen (vgl.Höffe) eigen, die sich in der Färbung der Stimme niederschlagen:

„Es tut mir leid", wird man nie in einem vollen Ton, sondern immer verhalten, behutsam, mitfühlend vorbringen; im Gegensatz vielleicht: *„Ich freue mich!"* und mit viel Luftverschwendung in einen seufzerähnlichen Laut hinein: *„Gott sei Dank!"* So gibt es sicherlich fröhliche, verhaltene, besinnliche und nachdenkliche traurige Texte, die eine solche Stimmung brauchen, je nachdem es die inhaltliche und damit die sprachliche Formung vorsehen.

Nicht so entscheidend für die gute Vorleseleistung ist die Betonung, die meist zu übertrieben eingesetzt wird. Betonung kann durch Vergrößerung der Stimmstärke, aber auch deren Verringerung bewirkt werden, und die übliche Betonungsverteilung im Alltagssprechen zeigt, daß eine Silbe die Hauptbetonung erhält – meist Betonungssilbe des Wortes, das die neue Information trägt.

Damit reguliert sich ein für allemal das Leiern. So wichtig es ist, rhythmische und metrische Texte mit der richtigen Betonungsverteilung wiederzugeben, zum Beispiel:

> Ób der Phílipp héute stíll
> wóhl bei Tísche sítzen wíll . . . (Heinrich Hoffmann)

oder

> „Tínte! Tínte! wer bráucht! Schön schwárze Tínte verkáuf ich!"
> Ríef ein Búbchen gar héll Stráßen hináuf und hináb . . . (Eduard Mörike)

so wichtig ist es gleichzeitig, sich ihrer Hauptaussage zu vergewissern ("). Dabei wird sicher nicht immer ein einhelliges Ergebnis herauskommen; aber die Ergebnisse haben auch andere Bedeutungen, je nach Position der Hauptbetonungen. Man wird sich wundern, wie schwierig es ist, die Hauptbetonung auf ein bestimmtes Wort oder eine bestimmte Silbe zu legen.

Man kann nun einen Text ganz offen gemeinsam so lange sprechen, bis alle der Meinung sind, daß er jetzt die Fassung hat, die seiner sprachlichen und inhaltlichen Intention gemäß ist. Man kann den Text gegen den Strich bürsten, d. h. ihn so lesen, daß er zum Material wird, zum Beispiel:

Es war einmal ein Mann, der hatte einen Schwamm ... (Volksgut)

als Predigt, als ärgerliche Standpauke, als Plädoyer eines Staatsanwaltes, als ein schluchzender Nachruf und so fort, um so bewußt Ausdrucksmittel und ihre Wirkung und ihre Situationsbezogenheit zu erproben.
Man kann – und sollte – die Beschreibung der Art von Äußerungen vor allem bei wörtlicher Rede ernst nehmen. Das bedeutet, daß alles laute Lesen im Prinzip Mitteilung über Inhalt ist und als solcher ernstgenommen werden sollte. Der Lehrer sollte sich genauso wie die Kinder vom Text ansprechen lassen, dann finden sie auch gemeinsam – ohne große Überlegung – den richtigen Ton. Sie sind dann auch offen für andere Vorlesefassungen eines Textes, die die Vielschichtigkeit der Autoren verwirklichen. Die Kinder sind dabei in der Regel viel offener und intuitiver als die Erwachsenen.
Arbeitsaufgaben können sein:

- Lies das so vor, daß wir uns das alle vorstellen können.
- Das hab ich nicht verstanden.
- Wie hat der/die das gesagt?
- Das ist wichtig. Langsamer.
- Halt, wie war das?
- Ist das lustig oder traurig?
- Der lacht dabei. Davon hab ich nichts gehört.
- Wo sind eigentlich Pausen/Unterbrechungen in der Geschichte/in dem Gedicht?

Reaktionen auf diese Arbeitsaufgaben sollten nicht mündliche Überlegungen sein, sondern Sprechversuche/Vorleseversuche der entsprechenden Textstelle. Dabei ist wichtig, daß der Zusammenhang nicht aus dem Blick gerät. Und es ist außerordentlich hilfreich, wenn der Lehrer als Tonband fungieren kann – und das Gehörte noch einmal zurückspiegelt, um den Schülern deutlich zu machen, wie das Gehörte sich anhört.
Um auf Irmela Wendt zurückzukommen: Es darf nicht egal sein, was unsere Kinder lesen. Und aus diesem Beitrag läßt sich die Folgerung ableiten: Es darf auch nicht egal sein, wie sie es vorlesen.

6. Literatur zur weiteren Orientierung:

Höffe, W. L.: Sprechgestaltende Interpretation von Dichtung in der Schule, Henn, Ratingen 1967.

Ockel, E.: Sprechgestaltende Interpretation. Methodische und didaktische Weiterentwicklung zur akustischen Textanalyse, in: Muttersprache, 90. Jg., H. 3-4/1980, S. 211–226.

Schweinsberg-Reichart, I.: Vorlesen und Erzählen, Kerle, Heidelberg ²1975 (= Werkhefte zur Sprecherziehung, Bd. 1).

Winkler, C.: Lesen als Sprachunterricht, Henn, Ratingen 1952.

Priv.-Doz. Dr. Eberhard Ockel, Universität Osnabrück, Abt. Vechta, Postfach 13 49, Driverstr. 22, 2848 Vechta

Dieter Flader/
Bettina Hurrelmann

Erzählen im Klassenzimmer Ergebnisse einer empirischen Studie

1. Ziele der Studie – erzähltheoretische Voraussetzungen

Ausgangspunkt dieser explorativen empirischen Studie war die Vermutung, daß das sogenannte 'freie' Erzählen im Unterricht schulischen Einflüssen unterliegt, die bewirken, daß ein freies Erzählen, wie wir es in alltäglichen Kontexten finden, nicht ohne weiteres möglich ist. Damit thematisieren wir ein Problem, dem die didaktische Theorie bislang noch wenig Aufmerksamkeit gewidmet hat: das Problem, wie sich der schulische Handlungskontext in den Strukturen der sprachlichen Interaktion im Unterricht abbildet. Das

Problem besteht sowohl für das Erzählen wie auch genereller für die Entwicklung der sprachlichen Handlungsfähigkeit in der Schule überhaupt.

Erzählen könnte ein Medium sein, über das Kinder ihre lebensgeschichtlichen Erfahrungen in den Unterricht einbringen. Ob dies mit dem 'freien' Erzählen im Unterricht gelingt, ist die kritische Frage, zu deren *empirischer* Klärung unsere Untersuchung beitragen will.

Der Studie liegt ein *Begriff des Erzählens als kommunikativer Interaktionsform* zugrunde. Erzählen wird aufgefaßt als die sprachliche Vergegenwärtigung einer zurückliegenden singulären Erfahrung des Sprechers, die dem Hörer/den Hörern die Teilnahme an fremdem Erleben ermöglicht. Erzählen ist nach dieser Auffassung eine elementare Form der Bildung geteilter Erfahrung.

Freies Erzählen im Alltag geschieht gewöhnlich in Form einer *Stegreiferzählung.* Dabei wird aus dem jeweiligen Handlungskontext die Motivation für das Erzählen gewonnen. Auf der Seite des Hörers besteht gewöhnlich ein Interesse an der persönlichen Erfahrung des anderen. Dieser ist wiederum relativ spontan zum Erzählen bereit. Innerhalb des Erzählvorgangs folgen Erzähler und Hörer dem Kooperationsprinzip von Kommunikation: der Erzähler dadurch, daß er die Gestaltung des Erzählvorgangs an den Erwartungen des Zuhörers ausrichtet – der Zuhörer dadurch, daß er sein jeweiliges Interesse zur Geltung bringt und zugleich die ungestörte Abwicklung des Erzählens unterstützt.

Wir nehmen an, daß zur Bewältigung der bei einer Alltagserzählung auftretenden Aufgaben der Verständigung eine Interaktionsform (ein Muster) entwickelt ist, die als Struktur für die Abwicklung des Erzählvorgangs dient: Mit *Orientierung* und *Abschluß* gibt der Erzähler seiner Erzählung in der Regel einen Rahmen in der aktuellen Kommunikationssituation, Kern des Erzählvorganges ist die Darstellung der *Erzählgeschichte.* Auch der Aufbau von Erzählgeschichten scheint einer bestimmten Logik zu folgen: Zu Beginn stellt der Erzähler die *Ausgangslage* dar, es folgt die Entwicklung bis zu einer *Komplikation,* schließlich wird die *Lösung* der Komplikation als Ausgang der Geschichte mitgeteilt.

Auf der Grundlage dieser Bestimmungen des freien Erzählens orientierte sich die Untersuchung an folgenden Fragen:

Es ist zu erwarten, daß der Lehrer seine Zuhörerschaft in einem didaktischen Sinn realisiert. Daher wird seine Bewertung der Schülererzählungen eine Rolle spielen. Wir fragten also:

(1) Welche Idee von einer 'guten' Erzählung dient dem Lehrer, der 'freies' Erzählen in den Unterricht aufnimmt, als Orientierungspunkt für seine Kommentare bzw. Interventionen?

Stegreiferzählungen haben im Alltag einen spezifischen Handlungskontext, der sich von dem des Unterrichts unterscheidet. Wir fragten also:

(2) Welche Konflikte ergeben sich für den Lehrer und die Schüler aus dem Transfer der Form des alltäglichen Erzählens in die Unterrichtssituation?

Das Untersuchungsmaterial bilden Transkripte von Tonbandaufnahmen, die in Erzählstunden zweier dritter Klassen in zwei Essener Grundschulen gemacht wurden. Diese noch relativ schmale Materialbasis gestattet noch keine weitreichende Generalisierung der Ergebnisse; für die Zwecke einer Pilot-Studie erachten wir sie aber als ausreichend.

2. Ergebnisse der Untersuchung

2.1. Das Interaktionsschema des 'freien' Erzählens im Unterricht

Wir stellten fest, daß das Erzählen im Unterricht einem bestimmten Muster als einem geordneten Aktivitätszusammenhang folgt, der durch bestimmte kommunikative Handlungen konstituiert wird. Im Vergleich mit dem Muster für die Stegreiferzählung selbst handelt es sich hier um ein übergeordnetes Muster, um ein Schema der Einbettung des Erzählens in die Unterrichtskommunikation.

Anhand des Materials fanden wir folgende *Phasen des Interaktionsablaufs* (ab Phase I wird das Schema im Unterricht mehrfach abgewickelt):

Phase 0: Schemaankündigung: Der Lehrer legt vorgreifend das Erzählen als die für die ganze Unterrichtssequenz geforderte Aktivität der Schüler fest. Erzählaufforderung und Adressierung der Aufforderung sind voneinander getrennt.
Phase I: Einleitung: Der Lehrer selegiert einen Erzähler durch Adressierung der Erzählaufforderung an einen Schüler.
Phase II: Kern: Ein Schüler erzählt eine selbsterlebte Geschichte. Er setzt das Muster der Stegreiferzählung in Kraft.
Phase III: Kernerweiterung: Der Lehrer initiiert eine Überarbeitung der Schülererzählung: entweder eine Verbesserung oder eine Expansion, oder er fordert eine Erzählung, die das Thema trifft (falls dies vorher festgelegt war). Diese Phase ist konditionell, d. h., sie wird nur dann realisiert, wenn der Lehrer die Erzählung für korrekturbedürftig hält.
Phase IV: Abschluß: Der Lehrer setzt durch einen Kommentar oder ein Abschlußsignal das Ende der Interaktionseinheit.
Von diesen für die Abwicklung des Schemas zentralen Aktivitäten unterscheiden wir die *Rahmenhandlungen*. Die Unterscheidung basiert auf einer funktionalen Betrachtung der Lehreräußerungen und ihrer Stellung zum Erzählvorgang: Die Lehreräußerungen, die *nach Abschluß des Erzählvorgangs* abgegeben werden, haben nach unserer Interpretation die Funktion der Überarbeitung; die Lehreräußerungen, die *vor Beginn* oder *während* des Erzählvorgangs stattfinden, haben die Funktion, die Abwicklung des Schemas zu stützen.

Schemastützende Aktivitäten des Lehrers sind:
(1) *Verstärkung der Schemainitiierung:* Falls die Bereitschaft zum Erzählen stockt, thematisiert der Lehrer den Besitz einer Geschichte als eine bei bestimmten Schülern gegebene Voraussetzung.
(2) *Sicherung der Kernphase:* Der Lehrer interveniert während des Erzählvorgangs, wenn er die Abwicklung der Kernphase gefährdet sieht: wenn die Durchführung des Erzählvorgangs instabil wird oder das Verstehen der Zuhörer unsicher ist.
Ebenso sind die Aktivitäten der Mitschüler zu den Rahmenhandlungen zu rechnen, da sie für die Abwicklung des Schemas sekundär sind.

Schemabegleitende Aktivitäten der Mitschüler sind:
(1) *Abgabe eines kurzen Kommentars* zur Geschichte. Dies geschieht während des Erzählvorgangs oder danach.
(2) *Kurzer Dialog,* der sich auf einen interessanten Punkt der Erzählung bezieht.

2.2. Die Erzählidee des Lehrers

Mit Hilfe des Interaktionsschemas lassen sich die Handlungen des Lehrers bestimmen, die Aufschluß über seine Idee einer 'guten' Erzählung geben können. Dies sind vor allem die Lehrerhandlungen in der Kernerweiterungsphase und sein Kommentar in der Abschlußphase. Die Analyse dieser Handlungen macht folgendes deutlich:
Die vollständige und folgerichtige Repräsentation der Ereignisabfolge in der Erzählung ist offenbar bevorzugter Ansatzpunkt der Handlungen des Lehrers. *'Gutes' Erzählen scheint für ihn im wesentlichen genaue Geschehensrekapitulation zu sein;* die Erlebnisperspektive, die der Erzähler geltend macht, ist sekundär. Weitere empirische Untersuchungen müssen zeigen, wie weit dieses Ergebnis generalisiert werden kann bzw. durch weitere Parameter (wie z. B. Betonung des sprachlichen Ausdrucks etc.) ergänzt und modifiziert werden muß.
Es wäre zu einfach, aus unseren Befunden eine *plane* Erzählidee des Lehrers abzuleiten. Sein Verhalten während der Einleitungsphase und während der Kernphase ist vielmehr signifikant dafür, daß sich der Lehrer in Maximenkonflikten befindet, in denen sein Wissen um einen alltäglichen Erzählprozeß seinem Wissen um seine Rollenverpflichtungen als Lehrer widerstreitet.

2.3. Maximen-Konflikte

Unsere zweite Untersuchungsfrage galt den Konflikten, die sich für Lehrer und Schüler

aus dem Transfer der Form des alltäglichen Erzählens in die Unterrichtssituation ergeben. Wir gingen davon aus, daß diese Konflikte und ihre Bearbeitung sich z. T. in dem schulischen Interaktionsschema, z. T. in dessen Rahmenhandlungen niedergeschlagen haben.
Folgende Teilkonflikte ließen sich unterscheiden:

1. Spontaneität versus Aktivitätsfestlegung
Für den Lehrer gelten die widerstreitenden Maximen:
L (1) Orientiere dich an der spontanen Erzählbereitschaft der Schüler!
(2) Initiiere Erzählprozesse zur Förderung der Kommunikationsfähigkeit der Schüler!
Für die Schüler gilt:
S (1) Orientiere dich beim Erzählen an einer (relativ) spontanen Kommunikationspraxis!
(2) Fasse die Erzählaufforderung als Aufgabe auf!
Dieser Konflikt wird vor allem in der Einleitungsphase virulent, wenn die Erzählaufforderung des Lehrers nicht auf Erzählbereitschaft bei den Schülern trifft. Eine Möglichkeit, die der Lehrer hat, diesen Maximenkonflikt zu bearbeiten, ist in dem Interaktionsschema dokumentiert (Phase 0/Phase I): Die Trennung von Erzählaufforderung und Adressierung der Aufforderung (als Vergabe des Rederechts an einen Schüler, der sich gemeldet hat) dient als Mittel, die Funktion der Erzählaufforderung als Aufgabenstellung abzuschwächen bzw. zu verdecken.

2. Symmetrie der Interaktion versus Korrekturverpflichtung des Lehrers
Für den Lehrer gelten die Maximen:
L (3) Störe den natürlichen Erzählprozeß nicht!
(4) Verbessere die Erzählung!
Für die Schüler:
S (3) Bestimme selbst, wie du den Erzählvorgang strukturierst!
(4) Akzeptiere Korrekturen durch den Lehrer!
In natürlichen Erzählsituationen gibt es in der Regel keine Korrekturen durch den Hörer. Die Pflicht zur Korrektur von Schüleraktivitäten ist aber mit der Lehrerrolle eng verbunden. Wir stellen auch hier fest, daß der Lehrer in dem Interaktionsschema eine Bearbeitung dieses Konfliktes besitzt. Das Schema entflechtet nämlich den Vorgang der Erzählabgabe von dem der Lehrerkorrektur. Die Verbesserungs- und Ergänzungsaufforderungen des Lehrers folgen *nach* Abschluß der Erzählung. Wenn der Lehrer *in* die Schülererzählung interveniert, dient dies der Sicherung dieser Phase.

3. Thematisierung von Subjektivität versus objektivierbarer Lerngehalt
Für den Lehrer gelten die Maximen:
L (5) Sei offen für die subjektiven Erfahrungen der Schüler!
(6) Sichere einen objektivierbaren Lernfortschritt!
Für die Schüler:
S (5) Orientiere dich beim 'freien' Erzählen an der Vermittlung eines persönlichen Erlebnisses!
(6) Zeige, daß du ein Ereignis klar und folgerichtig darstellen kannst!
Dieser Konflikt ist einerseits an der Art der Lehrerkorrekturen erkennbar, andererseits indirekt an dem, was der Lehrer aus seinen Reaktionen fast durchweg ausspart: die Bearbeitung der Schülererfahrung im Gespräch. Diese wird zwar nicht korrigiert, dafür aber richtet sich das Interesse des Lehrers auf die objektivierbaren Momente der Erzählung: auf Chronologie und Logik der Geschehensabfolge in der Darstellung – nicht auf den Kern der Schülererzählung. Auch für den Schüler bleibt dieser Konflikt ungelöst: Mit einem spontanen Erzählverhalten setzt er sich immer der Verschiebung für ihn bedeutsamer Akzente bzw. der Tabuisierung seines eigentlichen Themas aus.

3. Folgerungen

Im Klassenzimmer wird das Erzählen abgespalten von seinem natürlichen Interaktionskontext. Dadurch entstehen für die Beteiligten Konflikte, die Interaktionsbeziehungen zwischen ihnen werden widersprüchlich und unklar. Das ist nicht Folge didaktischer Unfähigkeit der Lehrer, sondern Indiz für die Widersprüchlichkeit der Schule selbst. Aber der Verzicht auf das Erzählen selbsterlebter Geschichten (das nur in der Grundschule heute noch einen festen Platz hat!) ist keine pädagogisch mögliche Konsequenz – es wäre ein weiterer Schritt in Richtung auf die Trennung von Lernen und Erfahrung in der Schule. Erzählen muß vielmehr mit dem Versuch verbunden sein, auf der Ebene der Interaktion zwischen Lehrer und Schülern die Veränderung der schulischen Kommunikationsbedingungen zu betreiben.

Unsere Studie kann einige Anhaltspunkte für eine pädagogisch bewußte Konfliktbearbeitung zeigen:

- Erzählprozesse sind nicht losgelöst von der Förderung selbstbestimmter Lern- und Kommunikationsprozesse auch in anderen Unterrichtsbereichen realisierbar.
- Erzählsituationen können nicht vom Lehrer planmäßig hergestellt werden, sondern Zeiten und Gelegenheiten für das Erzählen müssen von den Schülern wählbar sein.
- Die primären Adressaten der Schülererzählungen sollten die Mitschüler sein, nicht der Lehrer.
- Die Bearbeitung der Schülererzählungen im Gespräch sollte entsprechend von den Schülern getragen sein.
- Die Selbstbeschränkung des Lehrers auf schemastützende Aktivitäten, die wir in der Kernphase beobachteten, hätte auch für die anschließende Gesprächsphase zu gelten.
- Gegenstand des Gesprächs hätte die Erfahrung des Erzählers zu sein, nicht ihre Präsentationsform, wie wir es z. T. auch bei den schemabegleitenden Handlungen der Mitschüler beobachteten.

Erzählen-lernen heißt, sich in symmetrischer Interaktion mit anderen über eigene Erfahrungen verständigen lernen. Diese Bestimmungen sind zugleich Bedingungen für den Lernprozeß.

Dr. Dieter Flader, Universität Essen-GH, FB III, Universitätsstr., 4300 Essen 5
Dr. Bettina Hurrelmann, Werther-Str. 122, 4800 Bielefeld 1

An die Autoren der Schriftenreihe ‚Der Deutschunterricht'

Wir bitten darum,

1. Namen und Adresse auf dem Manuskript zu notieren.
2. die Umfangsgrenze von 12 Druckseiten (= 24 Maschinenseiten zu 60 Anschlägen pro Zeile und 30 Zeilen pro Seite) einzuhalten. Nur mit ausdrücklicher Zustimmung des Heftherausgebers kann in Ausnahmefällen ein umfangreicherer Beitrag publiziert werden.
3. Mit dem Beitrag – auf gesondertem Blatt – einen 'abstract' von maximal 13 Zeilen zu 60 Anschlägen mitzuschicken. Er sollte folgende Informationen enthalten, soweit sie nicht schon aus dem Titel hervorgehen: Gegenstand des Beitrags, Art des Untersuchungsverfahrens, ggf. Bezug auf Schulform und Klassenstufe, Gesichtspunkte der Gliederung des Beitrags. – Die 'abstracts' werden am Kopf der Beiträge abgedruckt, eventuell auch in Publikationsorganen für 'abstracts' publiziert.
4. die Manuskripte maschinengeschrieben, mit doppeltem Zeilenabstand und breitem Rand auf einseitig beschriebenen Blättern einzusenden; im Falle von Fotokopien oder aus Büchern/ Heften herausgetrennten Seiten Vorder- und Rückseite jeweils für sich auf eine DIN-A4-Seite aufzukleben, jegliche Auslassung [. . .] zu markieren.
5. die Fußnoten für das gesamte Werk durchzuzählen.
6. bei Rückverweisen auf das ausführliche Zitat in einer früheren Fußnote nicht a. a. O zu verwenden, sondern Adorno (Anm. 4) S. xy, sofern Sie nicht ohnehin mit Kurztiteln arbeiten und die Literaturliste am Schluß der Arbeit haben.
7. Zitierweise: Wolff, Gerhart: Zum Thema: Sprachmanipulation. Der Deutschunterricht 26 (1974), H. 2, S. 45 ff. Stieg, Gerald/Witte, Bernd: Abriß einer Geschichte der deutschen Arbeiterliteratur. Reihe: Literaturwissenschaft – Gesellschaftswissenschaft, Band 3. Ernst Klett Verlag, Stuttgart [1]1973. Bitte also, den Verlag hinzusetzen, obwohl dies Verfahren meist noch nicht üblich ist.
8. Auszeichnungen werden im laufenden Text durch Kursivsatz hervorgehoben (im Manuskript ~ ~ ~ oder – – – – – – – – – – – –); Eigennamen werden nicht ausgezeichnet.
9. Korrekturen, die über das Berichtigen von Satzfehlern hinausgehen, können dem Autor berechnet werden. (Schon eine kleine Änderung kann den Neusatz mehrerer Zeilen erforderlich machen.)

Unverlangt eingesandten Manuskripten fügen Sie bitte, das Rückporto bei. Wir danken für das Beachten unserer Wünsche.

Ernst Klett Verlag, Stuttgart.

Vorschau auf die nächsten Hefte:

Heft 6/82: Interpretation und ihre Schwierigkeiten in der Schule
Heft 1/83: Neue Lektüre klassischer Texte
Heft 2/83: Sprachliche Varietäten